优势变现

SCREW WORK LET'S PLAY

John Williams

〔英〕约翰·威廉姆斯◎著
陈颜◎译

中国出版集团 现代出版社

目　录

前　言

本书将一步步地教你如何“边玩边赚”，也就是说，你可以将自己最喜欢做的事变成你的谋生手段。无论你是在一份讨厌的工作中饱受煎熬，还是在为自己尚未起步的事业埋头苦干，你都可以在这本书中学到很多有用的知识和实际操作方法，从此扭转自己的职业生涯。

当然，这里的“边玩边赚”绝对不是说我们就可以一心玩乐享受，盼着天上掉馅儿饼的好事。接下来，我会一一向你解释什么是“边玩边赚”的关键，要如何才能赚到你人生中的第一桶“玩”金，以及如何进一步将“玩”变成可以谋生的手段，甚至让自己发家致富。如果你仍然对人生感到迷茫、不知所措的话，请别害怕，我会带着你找到答案的！

无论你是想成为一名企业家，还是自由职业者；无论你是想当一名作家，还是艺术家；无论你是想为自己量身打造一份理想职业，还是梦想着自己有一天可以改变这个世界，这本书都可以为你指点迷津。虽然我没办法告诉你如何才能“快速致富”，因为我自己对此也一无所知（你要是找到了就来告诉我吧），但要是非让我说点什么可以快速达成的东西的话，那就只能是“快速致福”

了。事实上，不管你想要拥有什么样的生活，你都可以从现在开始就去体验一番了。在体验的过程中，你将会感到更加幸福，而这份幸福最终也会引领着你收获财富和成功。

10 个秘诀

本书会围绕着“边玩边赚”的 10 个秘诀展开。不过，我之所以会将它们称为“秘诀”，倒不是因为它们都是被故意隐藏起来的秘密，而是因为我们当中知晓这些道理的人实在是寥寥无几。因此，学校的老师们自然也不会向我们传授这些秘诀了。虽然它们有时会显得和我们日常接触的观念格格不入，但你要是对它们毫不知晓的话，那你这一生都很有可能找不到一份心仪的工作了。

这 10 个秘诀会按照顺序排列，分别对应一个章节。这样一来，你就可以跟着它们一步步地完成自己的蜕变——让自己从一开始不知道喜欢什么工作，到最后可以通过做自己喜欢的事情来谋生，甚至致富。因此，我建议大家最好按照每个章节的顺序依次往下阅读。

以下就是你们将会学到的 10 个秘诀。

秘诀一：如何找到自己真正想做的

如果你发现自己渴望做些与众不同的事，但无论如何就是不知道要去做些什么，那你就一定能在这一章中找到答案；要是你已经十分明确自己的目标了，也不要急着跳过本章的内容，因为读完之后你就会明白，选择一份自己真正想做的工作对成功来说是多么的重要了。

秘诀二：如何选择下一步做什么

这一章主要会告诉你如何在“自己喜欢做的事”和“可以赚到钱的事”之间找到一个绝佳的平衡点；你也会知道要如何去选择接下来的路，尤其是当自己感觉停滞不前的时候——也许是因为你还不清楚自己想要什么，又或许是因为你想要做的事情实在太多；对了，还有经过科学验证的幸福公式等着你哦!

秘诀三：如何立即开始行动

读完本章，你就会懂得如何避免落入没有尽头的“搜索”深渊，并让自己立即行动起来，开始全新的生活；你也会明白为什么不需要先去制订一些详细的计划，或是设立一些目标；如何在不辞掉现有工作的前提下，从小事做起，正式开启自己的“玩家”项目。

秘诀四：如何确保自己一定会成功

通往“边玩边赚”的道路是布满荆棘的，但是秘诀四会告诉你怎样才能变得坚不可摧，并确保自己不管遇到什么困难，都可以一一克服，直至成功。

秘诀五：如何才能“玩”着赚钱

还在担心如果只做自己喜欢的事，最后就会变成一个穷光蛋吗？秘诀五会告诉你怎样才能在“玩”的同时，还能为别人创造出真正有用的价值，并因此获得相应的报酬。

秘诀六：如何去宣传自己

如何才能让自己所做的事情被大家所知，甚至获得一定的名气，因为这样你就可以为自己吸引来更多的合作机会；如何利用最新的网络社交媒体去向全世界的人宣传自己，而且是以最少花销（甚至零花销）的方式！

秘诀七：如何创造出让人无法抗拒的产品

如何才能创造出对别人真正有用的东西，并且还能用一种最佳方式将它呈现出来：你可以选择去销售某种服务，或者是创作信息产品，如果再利用网络的话，你就可以躺着把钱赚了。

秘诀八：如何赚到第一桶“玩”金

如何才能让自己像“玩”一样地赚到人生中的第一桶金，甚至你都不需要辞掉现在的工作。

秘诀九：如何将“玩”进行到底

在赚到第一桶“玩”金后，又要如何才能升级为一名全职“玩家”，可以是一位自由职业者，也可以从事组合型的职业，又或者是我所说的“工作 2.0”——“自定义”工作；以及如何才能让这一切更快地实现。

秘诀十：如何“玩”出你的富裕人生

在最后一章中，你将会明白自己想要一个什么样的富裕人生：是积累很多的财富，是环游世界的自由自在，是享受大把的闲暇时光，还是改变世界的力量呢？无论你的选择是什么，请记住我的 5 个 P.R.I.C.E.（价格）准则，你就可以为自己争取到合理的报酬，并过上自己想要的富裕人生。

有关工作的 21 个迷思

在过去的 5 年里，来找我咨询的客户数以百计。在他们身上，我发现了很多相通的错误观念一直在阻碍着他们去做自己想做的事情。而这些错误的观念往往都是从他们的上一辈那里流传下来的，因为在那个时候，人们对于工作的选择范围比我们今天要窄很多。因此，我就把这些错误的观念总结成了 21 个迷思，写进了这本书里。接下来，你就会在书里的各个章节遇到它们，并且看看我是如何将这些迷思一一粉碎的。在本书的末尾处，我还附上了一个完整的列表，你也可以对照一下自己迄今为止还相信着多少个这样的“真相”？而它们，很有可能就是一直在阻碍着你前进的罪魁祸首了。现在，准备好迎接工作的“新世界”了吗？

在我看来，这 21 个迷思就很符合这样的情境：有一架老式的螺旋桨飞机停在了跑道上，但是它的引擎还在运转，如果这时你松开刹车、撤掉轮挡，那这架飞机就一定会开始向前滑动，不过它还需要再加一些汽油才能成功起飞。同样地，如果我可以帮你把这些工作迷思全部消除掉的话，你也就可以朝着自己想去的地方前进了，不过，你还需要再加一些“汽油”才能到达你的理想目的地。

专家访谈

为了让我的观点更具有说服力，我还对 10 位成功的“玩家”做了采访，详细询问了他们究竟是抱着什么样的信念、习惯和方法，才取得了今日的成就的。虽然他们中的一些人创办了自己的企业，还经营着上百万英镑的业务，但我所采访的并不都是像这样的知名人士，其中也包括一些事业才刚刚起步的人。他们都有着非常有趣的想法，并且已经看到了成功的曙光。在这些受访者中，有一些人非常富有，而另一些人的收入就没有那么丰厚，但他们同样都成功地让自己的生活充满自由、富有创意和多样性，甚至有一些人还在从事一些可以改变世界的事情。从广义上来讲，他们都在过着自己的富裕人生。

致　谢

世界上没有一件重要的事情是单靠一个人就可以完成的，此书也不例外。首先，我要感谢培生集团的萨曼莎·杰克逊（Samantha Jackson），谢谢她如此喜欢我提出的“玩”这个概念，给了我一个分享自己想法的机会，而且还一直帮助我不断地完善自己的想法。我还要感谢我的经纪人兼好朋友，来自Free Agents公司的杰奎琳·伯恩斯（Jacqueline Burns），她不仅是一名优秀的经纪人，而且还一直向我提供额外的帮助。现在是时候来庆祝我们的成功了——快把你的溜冰鞋穿上，杰奎琳，我们得去溜冰了！

我之所以有幸获得这么多的一手资料，还要特别感谢我的几位“指导老师”：创业教练、同事兼朋友朱迪斯·摩根(Judith Morgan)，是她最先提出了“年假”的构想；创意天才杰瑞·海德(Jerry Hyde)，是他提议说让我试着写一本书，但就像他曾经给我的大多数建议一样，直到两年之后我才真正接受了他的建议——非常感谢他在过去的7年里带给我的启发，同时也要感谢他的创意团队，是他们一直在我整个的写作过程中给予我鼓励。

感谢尼克·威廉姆斯(Nick Williams)，他是第一个向我解释信息产品相关知识的人；感谢丹尼尔·瓦格纳(Daniel Wagner)，是他向我分享了在互联网营销方面的专业知识，并热情地邀请我到他举办的研讨会里发言；感谢苏西·格里夫斯（Suzy Greaves）、马克·佛斯特（Mark Forster）和芭芭拉·温特（Barbara Winter），是他们一直激励着我，并帮助我找到了前进的方向；还要特别感谢苏西·格里夫斯（Suzy Greaves）和尼娜·格伦菲尔德（Nina Grunfeld）试读了本书的手写初稿。

此外，本书的完成，很大程度上还要归功于在过去40年里一直启发着、教育着我的那些了不起的著作：特别是芭芭拉·谢尔（Barbara Sher），我第一次读到她的书是在15年前，那时她就让我知道了原来自己是属于“扫描人”的类型——而在这么多年之后，我居然还参加了自己举办的“扫描人”聚会，真是一件人生乐事！所以说，如果我没有事先找到自己的方向，那这本书也不会对我产生如此深刻的影响了。

我还要感谢帕特·凯恩（Pat Kane），是她提出了“玩也有精神”的新理念，并告诉我们，在传统的“职业精神”之外，其实人们还可以有另外一种选择；我还要感谢赛斯·高汀（Seth Godin）展现了出色的人力资源营销能力，以及丹·平克（Dan Pink）在他的工作和职业生涯中所做出的新尝试；然后，我还要向发明了有名的“财富原动力”系统的罗杰·汉密尔顿（Roger Hamilton）先生表达我的敬意。

还有Careershifters公司的理查德（Richard）、赛琳娜（Selina）、凯茜（Cath）和尼尔（Neil），感谢他们给我机会参加Careershifters每月一次的研讨会，让我能够亲自了解到20位参与者在自己工作中所经历的挣扎和迷思。

感谢一直支持着我的工作团队和好朋友们：利兹·里弗斯（Liz Rivers）和坎迪·纽曼（Candy Newman），特别在我写作的过程中，坎迪给予我很多支持；我还要感谢她的儿子本·迪克森（Ben Dixon），谢谢他在康沃尔的工作室里一直陪伴着我们，而他目前也在努力成为一名“玩家”；感谢我的朋友娜塔莎（Natasha）、詹姆斯（James）和杰伊（Jay），谢谢他们所有的鼓励和智慧；我还要对杰奎·罗兰（Jacqui Loran）说：“你终于可以不用再对我说‘约翰，你应该写一本书’了！”还有特蕾莎（Teresa），感谢她帮助我一起策划“扫描人之夜”，以及朱利安·博尔特（Julian Bolt），感谢他在艺术创作方面给我的启发。

非常感谢我的母亲，黛安·威廉姆斯（Diane Williams），是她在我小的时候教会了我玩和工作是同等重要的，而她现在依然还在进行着很多“玩家”项目；我也要感谢我的哥哥大卫（David），谢谢他给我分享了自己对于创业的看法，他也是第一个教我如何去自定义一份工作的人；感谢我的叔叔罗杰·泰勒（Roger Taylor），他一直都是一名“玩家”，但却在我写这本书的时候不幸去世了；还要感谢在我之前的三代科学家、工程师和企业家们，希望我所做的不会让他们感到失望。

感谢所有勇于分享自己对职业生涯的梦想和挑战的客户们，也感谢所有参加了 2009 年“Screw Work, Let’s Play”暑期班的预备“玩家”们。

我还要感谢那些专门抽空接受采访的成功“玩家”们，正是因为有了他们的帮助，这本书才成为可能，他们包括：蒂姆·施密特（Tim Smit），“伊甸园工程”的创办者；莱斯利·斯科特（Leslie Scott），“叠叠高”游戏的发明者、《“叠叠高”的那些事》（*About Jenga*）的作者；德雷克·西弗斯（Derek Sivers），CD Baby 网站的创建者；企业家、企业指导师兼演说家迈克·索森（Mike Southon）；数字营销公司 Poke 的尼克·鲁普（Nic Roope）；邦帕 & 帕尔公司的萨姆·邦帕（Sam Bompas）和哈里·帕尔（Harry Parr）；自己实践着《特立独行的艺术》的克里斯·吉尔博（Chris Guillebeau）;《闲人》（*The Idler*）杂志的编辑汤姆·霍奇金森（Tom Hodgkinson））；十分有趣的作家迪克西·威尔斯（Dixe Wills）;“超越巧克力”（Beyond Chocolate）的索菲·博斯 (Sophie Boss)；拥有一辆“巧克力之星”（Choc Star）的佩特拉·巴尔朗（Petra Barran），以及罗伯特·查默斯（Robert Chalmers）和林赛·芒福德（Lindsey Mountford）；还要感谢 Spectrum Therapy 心理治疗机构，让我认识到了自己心里的“胜利者”，并且收获了许多有用的想法和实践方法；还有克里斯·怀尔德（Chris Wild），感谢他对本书所做出的努力，是他帮我促成了这次写书的机会。

最后，我还要感谢所有的读者，真心地希望你们能够呼吁更多的人加入我们的“玩家”行列中！

一起加入“玩家”革命

这是人类史上的第一次，我们终于有机会按我们想要的方式来定义工作，而再不是让工作来决定我们的生活了……若是错过这次机会，我们定会追悔不已。

——查尔斯·汉迪，英国著名管理思想大师、作家

我们是幸运的，因为我们已经走到了工作历史长河中的一个重要转折点。如今，几乎所有的事情都可以用来谋生了。是的，只要是你能想得到的事，远在世界的某个角落早就已经有人开始行动，并以此发展自己的事业了。

在为本书收集资料的过程中，我就见识到了很多新奇有趣的故事：美国的旅行家克里斯·吉尔博一边游历世界各国，一边写旅游博客赚生活费；英国的创意二人组邦帕和帕尔用果冻制作出了很多世界著名的建筑，还用雾化的方法做出了可以直接用鼻子“喝”的鸡尾酒；英国的佩特拉·巴尔朗开着一辆巧克力卡车到国内各地的节日集市上售卖自己的巧克力甜品；还有把写吟游诗当作职业的莎拉·德·诺德沃尔，她会自己写诗，还会到英国各地去咏唱颂诗，不论是戒毒所还是上议院……

而这些人，还只是逐渐壮大的“玩家”成员中的一小部分。目前，世界上有越来越多的人已经不仅仅满足于过着领工资、交房租的日子了，他们要么对生活有着更远大的目标和期望，比如创造出独一无二的东西，说出一番有影响力的话，尝试新鲜事物，活得更加有趣，敢于冒险，不怕挫折……要么希望自己能够一夜暴富，成为人生赢家。他们渴望自由和挑战，想要体验刺激和丰

富的人生；他们想要全力以赴，让自己每一天都可以不断地成长。

我们现在所见证的一切，就是一次新的“工作”革命。对于“玩家”来说，“职业”这个词早已无关紧要了。哪怕是“工作”二字，也不再是一种美好生活的代名词了。德雷克·西弗斯[①]就正是如此，曾是一名音乐人的他，后来转型成为企业家。最近，他以2200万美元的价格将自己的网站卖了出去，他说：“这并不是工作，就是在玩而已。”

我们对于“工作”相关词汇的定义也都统统落伍了。如今的一些“玩家”们会将自己称作“企业家”或者“商人”，但他们已经不再是打扮得西装革履，喋喋不休地说着管理问题的那种刻板形象了。他们很可能穿着T恤和牛仔裤就去上班了。如果是那些只需要在家办公的人，一件睡衣就足够了！

即便有些“玩家”是属于高高在上的领导阶层，他们往往也会更加活泼、随和、不摆架子。他们不仅看重公司的物质收益，也会同样注重团队的创意氛围。理查德·布兰森[②]曾在他的《商界裸奔》(*Business Stripped Bare*)一书中提到过自己曾经被鲍勃·西弗[③]采访的经历。当时他被这位资深的记者问到为何会选择踏入商界，书中是这样描述的：“我当时就盯着他看，突然间我就意识到其实自己从未想过要从商。于是，我的天啊，我就原原本本地说出了自己的想法，然后又加了一句‘我只是想要创造出新的东西而已’。”

过去的几代人对工作的选择范围是非常狭窄的。对他们来说，

① Derek Sivers，美国独立音乐销售网站CD Baby的创始人。——译者
② Richard Branson，英国维珍集团(Virgin Group)的创始人。——译者
③ Bob Schieffer，美国知名新闻记者。——译者

人生最基本的事就是要找到一份工作，而自主创业又是那么遥不可及，因为它往往意味着昂贵的办公室租金、雇员们的工资，还有一大笔广告开销。在那个时候，从商的路上处处都是拦路虎，你的家庭背景、种族、性别或者其他任何因素都有可能将你拦在商界的大门之外；但是如今，再也没有任何人或任何事可以阻碍你了。你的职业生涯，由你自己来定义。

随着网络和通信科技的发展，我们变得更加自由了，所以我们也可以按照自己的方式随时随地进行办公。过去限制着我们的种种界限也正在逐渐消失：本土与全球之间、雇员与企业家之间、职业与爱好之间、消费者与生产者之间、家与办公室之间、工作与玩耍之间……我们的选择范围已经不再囿于企业老板或是雇员了。但是，这一切意味着什么呢？它意味着，我们没有任何理由再继续忍受那些十分无趣又毫无成就感的工作了！

而且，我们也不需要再秉持传统的“职业精神”，因为我们已经踏入了一个新的时代，那就是帕特·凯恩所提出的“玩乐精神”：

伟大的哲学家们所认为的“玩”，是一种可以让人们变得积极主动、充满创意、独立自主的体验。而“玩乐精神”指的是在生活中的每时每刻，你都有自信去成为一个真诚、率直、富有创造力和同情心的人……它指的是你应该把你自己和你所有的热情都摆在人生最重要的位置上。

——帕特·凯恩《玩乐精神：另一种人生宣言》[①]

---

① *The Play Ethic: A Manifesto for a Different Way of Living*，由于此书并无对应的中文译名，所以译者在此将其译为《玩乐精神：另一种人生宣言》。——译者

不过，“玩”听起来会不会太自私了？其实恰恰相反，“玩家”们在想着能从这个世界获取些什么的时候，也会常常惦记着自己可以回馈一些什么。提姆·施密特[1]虽然选择离开了音乐界，但后来却在“伊甸园工程”中创建了“全球首个摇滚范儿的科学研究基地”；而以“最酷的饮料”著称的纯真果汁[2]，即使占有整个英国奶昔饮料市场的最大份额，也一直将每年所赚利润的10%捐到纯真果汁基金会，用于慈善事业。他们从哪里积累了财富的硕果，就会通过相应的基金项目将财富回馈到那里最穷苦的人们身上。同样，一向以“好玩”的工作氛围闻名的谷歌也是如此，他们拨款10亿美元成立了一个公益部门，专门帮助应对目前全球出现的一些亟待解决的问题，包括全球气候变暖、全球公共卫生问题以及贫困问题。

那么，你准备好一起“玩”了吗？或许你还在做着一份让自己痛苦不堪的工作，或许你还在为了自己尚未起步的事业努力打拼着，但是你很可能一直都是在胡思乱想，一直都是在一条死胡同里寻找出路。所以，现在是时候对它们说拜拜了！让我们一起开启从“工作者”到“玩家”的蜕变之旅吧！跟着这本书，你将学到：如何有趣地赚钱；如何去打造一个能够包容自己所有的人生；如何去发掘和满足自己所有的兴趣爱好；如何去拥有一个充满不确定性的新世界，并享受这个过程；如何通过最少的付出就能收获意想不到的成果；以及如何立马行动起来，不再坐以待毙。

---

① Tim Smit，英国著名“伊甸园工程”（Eden Project）的发起人，曾是一名流行音乐制作人。——译者

② Innocent Drinks，英国著名的饮料公司，致力于生产健康的饮品。——译者

加入“玩家”革命

在我看来，21 世纪将会是属于“玩”的世纪。

——布瑞恩·萨顿—史密斯

美国宾夕法尼亚大学教育学荣誉教授、杰出的游戏理论家

对于一直在不断变化的“工作世界”，美国作家丹尼尔·平克有着自己独到的见解。他在自己最近出版的《全新思维》(*A Whole New Mind*) 一书中写道，我们要是仍想在当下的社会中占有一席之地，那我们就得适应它对复合型人才的新要求。在 19 世纪，工业革命给我们带来了庞大的工厂和高效的流水线作业，所以工人们只需要具备一定的体力和掌握一定的操作技巧就可以做得很好了；到了 20 世纪，我们进入了“信息时代”，这个时候社会需要的是具备逻辑分析能力的知识型人才；而今天的 21 世纪，我们来到了“概念时代”。平克说，我们今天所需要具备的就是所谓的“右脑功能”，比如设计能力、共情能力、探索事物意义的能力以及娱乐感等。因此，只有那些具有创造力、共情力和把控大局能力的人，也就是我所说的“玩家”们，才能从这个社会当中脱颖而出。

面对时代的变迁，你不能再袖手旁观、自动退出了！其实，在“信息时代”所强调的那些逻辑分析能力，在如今看来也是同样重要的，只是光有它们还远远不够。众所周知，那些操作简单的重复性工作要么进行自动化生产，要么进行生产外包。如同上一代的“蓝领”们所遭遇的一样，在当前新环境下的自动化进程也正影响着我们这一代的“白领”们，所以为了生存，我们必须进行技能升级，对于计算机能做到的事，我们要用更加高效、经济的方式做得更好。而对于无法投入自动化的其他工作，就会被外包到印度、泰国、菲律宾等国家，因为这些国家往往能在保证质量的前提下提供更加廉价的劳动力。目前的这种外包行为也开始从 IT 产业延伸到了金融分析、编辑工作、法律研究、税务申报等各个领域。

工业革命，可以说是基于西方新教所奉行的“职业道德”（work ethic）才造就出了埋头苦干的“工作者”们；而如今的数字化革命，则是要大家成为可以自由驰骋的“玩家”们！

不要再用“世道不好”当作你不愿做出改变的借口了！那些说暂时不考虑发展自己事业的人们，都纷纷将原因归咎为经济的衰退（或者是经济还未复苏，又或是听闻下一个大萧条即将来临），所以他们都选择谨慎行事，认为只有按兵不动，才能稳扎稳打。

然而，身处这个变幻无常、处处充满了不确定性的时代，最不应该做的就是当缩头乌龟，逃避现实。原因主要有两点：首先，在当前的这个时代，你很可能一不小心就会丢掉饭碗。试想一下，要是你的老板这周五给你打电话，让你以后都不要来上班了，那你是更愿意自己早有打算地沉着面对，还是急急忙忙地从下周一开始去找工作？其次，越是动荡不安的时代，意想不到的机会就会越多。在美国的大萧条时期，就涌现出了美国历史上人数最多的百万富翁。

因此，本书将一直引导着你，让你可以在不辞去现有工作的前提下，挖掘自己身上存在的其他可能性。你只有提前做好充分的准备，才能在将来的机会来临之时勇敢地跳槽。如果你刚好是因为被解雇了才来读这本书的话，那就把握这个机会好好思考一下自己的工作，然后再朝着“玩家”出发吧！

乐趣也是有代价的

我进入商界从来就不是为了赚钱，但是我发现，每当自己觉得很有趣的时候，钱也就随之而来了。

——理查德·布兰森爵士　英国维珍集团创始人

获得乐趣才是“玩”起来的核心所在，而乐趣也会帮我们带来可观的财富。纵观世界上最富有、最成功的那些人，包括理查德·布兰森、史蒂夫·乔布斯、沃伦·巴菲特、奥普拉·温弗瑞等，这些亿万富翁们显然不是为了赚钱才选择继续工作的，他们都说是因为感受到了乐趣才会一直坚持着自己在做的事情。

苹果公司前 CEO（也是皮克斯动画公司前 CEO）史蒂夫·乔布斯曾在斯坦福大学的毕业演讲上说过：

你们日后所选择的工作将会占据你们生活的极大部分，因此，能让自己真的对生活感到满足的唯一方法，就是去做你们认为的最棒的工作。而找到最棒的工作的唯一方法，就是去选择你所热爱的事。要是你们还没有找到的话，那就继续寻找，不要轻易放弃！

如果你是为了让自己感到幸福，才一直在名与利的路上追逐，那你可就大错特错了。来自加利福尼亚州立大学的索妮娅·柳博米尔斯基教授在自己最新的心理学研究中表明，在大多数情况下，幸福往往是使人们成功的原因，而不是只有成功才可以带来幸福。

在对225份相关的调查问卷进行分析后，柳博米尔斯基教授得出了自己的结论：自我感觉越幸福的人就越富有创造力和生产力，也就更有可能去进行新的挑战，并鞭策自己朝着新的目标不断前行；并且，这些人也往往会更加受到同事们的欢迎，也就能找到更好的工作，甚至是被擢升到更高的职位。简单来说，感到幸福的人会积累到更多的财富。

那我们如何才能让自己变得更幸福呢？找到一份适合自己的工作就是一个好的开始。有证据表明，如果你的工作是相对自由的、有意义的、丰富多彩的，那你就会比那些没有的人们要幸福得多。柳博米尔斯基教授是这么解释的：

在每个人的职业生涯中，我们都可以创造出自己的“螺旋式上升”。也就是说，当我们的工作做得越成功，我们就会获得更高的薪水，接着我们就会有更好的工作环境，自然我们就会变得越幸福；而不断增加的幸福又会继续让我们获得更多的成功、更高的薪水、更好的工作环境，自然我们又会感到比之前更加幸福……

而本书正是要让你从现在学会如何去选择一份适合自己的工

作，并让你的生活变得更加幸福快乐，从而开始你自己的“螺旋式上升”。

当你发现自己爱上了你所擅长的事情时，你就再也不是在“工作”了。

——肯·罗宾逊爵士　英国作家、教育家、创造力领域的杰出专家

“边玩边赚”的关键就在于，要选择“正确”的事情去“玩”。而所谓“正确”的事情就是你天生就擅长做的事。正如连续创业者罗杰·詹姆斯·汉密尔顿[①]所说，你的目标就是必须进入自己的“流体验”（in flow）。你得用自己喜欢的、具有天赋的事情去打造职业生涯，但在此之前，你还得先用一种更加宽广的视野去理解“天赋”的意义，因为它并非片面地表示一些“可迁移的技能”。

厘清“天赋”和“技能”之间的区别是很有必要的。天赋指的是我们在小的时候就显现出来的一些特性，能够拥有天赋是令人开心的，所以我们常常会去施展自己的天赋；而技能则是我们通过后天的锻炼所得到的。在学习演奏一门乐器之前，我们早就有了对音乐的律动感受；杰出的沟通者们早从自己能讲出第一句话开始，就和周围一切愿意倾听他们说话的人们交谈了；作家们也总是早早地就开始识字读书；优秀的销售员们更是从上学开始就一直培养自己的说服力和协商能力……所以，当我们把自己的

① Roger James Hamilton，新加坡作家、企业家，发明了“财富原动力”（Weath Dynamics）等帮助创业者们进行自我分析的测试系统，在本书第二章的正文中将会有更加详细的介绍。——译者

天赋和技能一并投入工作中时，我们就会发现成功竟然会是一件如此简单而快乐的事。

不过，既然我们都懂得这个道理，那怎么不见得人人都可以“边玩边赚”呢？首先，大多数人都选错了自己的工作。当我们在选择工作的时候，多数人都会受制于父母们提供的老一辈择业标准，可是上一代人的择业范围毕竟不如我们现在这么广泛，所以大家也就只能无奈地放弃了很多其他选择。而且，我们从来也不敢主动地去争取自己想要的工作，所以我们错失了可以将人生中的大部分时间去进行“流体验”的机会，同时也就失去了在大浪淘沙中将自己变成一颗金子的机会。

有人会说，靠自己的喜好去谋生简直是无稽之谈，但那只是因为他们自己从未体验过罢了。而我们的学校教育也给大家设下了圈套，一直在鼓励我们要学会克服自身的弱点。不过，从此刻开始，一起忘了它们吧！你要记住的是：发挥自己的优点，克服自己的缺点！

确实，在那些传统的工作中，你肯定很难讲出“我做不了汇报演讲，我只会调研”或者“我做不了调研，我只会汇报演讲”这类的话，因为我们理应都是全能多面手——既要有创意，又要擅长时间管理和团队协作；既要能写出全面而详尽的调查报告，又要能出色地完成汇报演讲；既要处处小心，又要事事谨慎……可是，现实中并不存在这样的完美化身。那些一心想要成为多面手的人反倒让自己变得更加平庸了，所以工作就成为我们拼死奋斗的事情，我们也就再也看不到自己的天赋在哪里了。

反之，当你结合自己的特性和优点，并且避免去找那些不适合自己、会拖后腿的工作时，世界将会是另一番景象。这时你就会像被卷进了一股喷射气流，不但一直在往上噌噌进步，而且速度还在成倍增加呢！

这也是为什么人们开始对各种各样的创业项目越来越感兴趣的原因之一吧！

自己掌握主动权

在看到传统的工作中有这么多的限制之后，我们自然也就明白为什么大家都在渴求自己能够有“另一种选择”了。根据一份2006年的调查显示，有1/3的职员认真考虑过自主创业，或者已经在为此付诸行动了，但是还有很多的人在想着同样的事却始终不敢踏出第一步。他们中的大多数都被自主创业背后的迷思给吓跑了（在之后的章节中我会一一地来破除它们）。

大家也许会认为，“另一种选择”应该就是去开展一项新事业，并且还要承担所有的风险和一系列烦琐的事务，包括租赁办公场所、聘请员工、筹划资金等，但是现在真的有很多其他的方法可以让我们不用“工作”也能赚到钱了：自我雇用、网络营销、被动收入流、组合式职业、微型企业等。而且，被雇用和自我雇用之间的边界本来也很模糊，所以我们也不再需要二者取其一了。在我们选择辞职之前，可以先检验一下自己的想法是否可行，能否让我们赚到第一桶“玩”金，或者退一步说，就算我们最后不辞职了，那也可以发展一门不错的副业；甚至我们还可以对目前的这份普通工作进行“自定义”，重新打造出符合我们自己的性格、倾向的工作结构以及定位的最佳工作。

不论你选择了哪一种方法，其实真正重要的是你的态度。从这一刻起，你就已经要对自己担负起责任了，你要从一个时时被动的雇员，转变成一位主动出击的创造者。这也会是一个 180°的大转弯，从你探出头让别人来定义自己的工作，到你考问内心去创造自己真正想要的工作。而这，也是你从一名“工作者”到“玩家”的巨大转变！

如今我们所处的是一个全新的世纪，也是一个全新的商业世界。曾经的工业革命给我们带来了大批量的生产，让工人们成为机器运转中可替代的部分，也让我们生产出了很多非注册商标的产品，并卖给了普通的消费大众。近两个世纪过去了，今天的数字革命也再一次改变了“工作”的面貌，只是这次的转变方向变成了个人和微型企业——专门针对小众市场推出一些创意产品，再吸引粉丝为自己喜欢的产品进行推广营销。因此，商业正在成为这个时代的“香饽饽”，而创业精神也就成为这个时代的“新摇滚”了。

你的“办公室”遍布全世界

多亏了手提电脑、移动电话和无线网络的出现，我们才得以从办公室里的一个个格子间中解脱出来。如果你的工作是可以便携带走的，那你就可以很自由地选择在自己喜欢的地方，和喜欢的人一起工作了。你也会发现无论是在公园，还是在咖啡店，甚至是在泳池旁边，总会有这么一群“放养”的自由人。对自己的同事们感到厌倦吗？那你现在就可以试着加入“和杰利一起工作”（Jelly work-together）的行动中来了！这个活动一周会举行两次，让互不相识的人们聚在一起工作，而聚会的场所可以是某个人的家、咖啡店或办公室等。截至目前，它的足迹已经遍布了全世界的上百个城市，诚如“杰利”在官网上所宣传的：“我们这里提供椅子、沙发、无线网络以及很多有趣的人与你一起交谈、合作、碰撞思想的火花，而你只需要带上自己的电脑（或者任何你所需要的物品）和你的友善过来就行了。”

如果你想要找到一帮更加志同道合的朋友，那你还可以成为“共享工作空间”中的一员。顾名思义，共享工作空间就是把属于自己的某个工作空间通过时租、月租的方式与他人进行分享，而目前这一现象也正在世界各地不断地涌现。在写这本书的很大一部分时间里，我就是在一个有很多企业家聚集的共享工作空间中度过的，它的名字就叫作“枢纽站”（The Hub）。如今“枢纽站”的足迹遍布了全球的12个城市，它已经不局限于一个工作空间了，还可以是一个聚会场所、一家咖啡店、一个交流社区等。来这里的人们都想要成立自己的公司（或是某个组织），他们都希望能在盈利的同时还可以做出一番成就。现在，类似的工作空间也在不断涌现，吸引着更多的艺术家、传媒工作者和初创企业家。

一旦你成功逃离了办公室的束缚，那接下来你就会发现国界也不会对你形成任何束缚了。既然如此，为什么还不加入我们这支不断壮大的“数字游民大军”呢？

故事一则

莉·伍德沃德和她的丈夫乔纳森·伍德沃德在决定去做一些与众不同的事之前，都各自在自己的公司里筋疲力尽地工作着。莉是一位企业管理顾问，而乔纳森是一位平面设计师。

后来，他们分别以商业教练和平面设计师的自由职业者身份开始了自己的事业。渐渐地，他们发现自己其实是可以到世界的任何一个角落去发展事业的，只要他们还能够维持和目前一样（甚至是更低）的生活开销，那便可以享受到更高品质的生活了。所以，6个月之后，他们就决定离开英国，去寻找一个新的家园。

迄今为止，莉和乔纳森的“流浪之路”已经走了两年。他们的足迹遍及世界上的很多地方——巴拿马、阿根廷布宜诺斯艾利斯、格林纳达、加拿大多伦多、阿拉伯联合酋长国迪拜、泰国、南非、意大利和中国香港。

最近，莉又重新回到了英国，因为他们的第一个宝宝即将出世。但他们仍打算几个月后带着孩子再一次出发。

他们会在自己的人气博客上声援其他“数字游民”。最近，他们又注册了一个新的博客，主要向大家分享他们作为“游民父母”的故事。

既然现在全世界都可以是你的办公室，而且你也可以自由选择生活和工作的地方，那你会想要去哪里呢?

从“工作者”到“玩家”的蜕变

如果你想成为一名“玩家”，而不是“工作者”的话，首先你就得立即打开思维，好好想想“你是谁”以及“你能做什么”；其次，你还得投入自己所有的努力，去激发自己身上的全部潜能；最后，你还要主动出击，不要处处被动。

——帕特·凯恩

此刻，我们正在见证的是一代新新人类的出现，他们对工作的态度与传统“工作者”截然不同。他们是“玩家”，而不是传统的“工作者”。但是，“玩家”到底指的是什么呢？接下来，我将列出“玩家的九大特点”，希望可以帮助你理解并接受这个新的概念。

1. 玩家们最看重的是创造力、乐趣和成就感

工作者们把工作当作家务，但作为玩家，我们会把自己认为真正重要的东西当作自己的宇宙中心：我们想要生活充满一切最刺激、最享受、最具有挑战、最有所收获和最令人满足的事情；我们想要全方位地解放自己的天性；我们想要整天“玩”还能够

赚钱。一句话来说，玩家的终极职业目标就是“做我自己，让别人买单”。

2. 玩家们都是多面手

为了配合公司的形象而不得不戴上一层面具，工作者们只能把局限的自己和单一的一面带到办公室，但是玩家们却可以毫无保留地展示自己。我们并不是简单枯燥的单维生物（世界上没有任何人是这样的），我们可以是音乐人兼互联网企业家、旅行家兼博主、顾问兼词曲作家、喜剧演员兼心理治疗师、财务专员兼电影制作人……正如作家伊恩·桑德斯所说，我们每个人都是“杂技演员”，可以同时掌控很多任务。

3. 玩家们积极地与世界互动

工作者们也许会认为“玩”纯属浪费时间，但我们说的“玩”并不是坐在一个角落里整天做白日梦，也不是躺在沙滩上喝着鸡尾酒安享余生（这很可能是一名工作者的梦想，但绝对不会属于玩家们）。你可以观察一下孩子们在玩耍的时候都在干些什么——他们会一直和身边的世界进行互动、尝试、实验，他们还与其他的人进行交流、学习人际交往。是的，我们所说的“玩”就是要一直去探险和互动，而真正的“玩起来”就是要主动地感受这个世界。

所以，我们选择当一名玩家并不是在逃避真正的现实世界，远远不是。比起只会听令行事的工作者们，或是只会跟着专家们推荐的最新谋利策略走的企业老板们，我们反而在更加积极地回应这个世界。我们就像生活在一个实验室里，只有通过自己的亲身体验才能获取知识。

4. 玩家们听从自己的内心世界

当工作者们无条件地接受来自外界的期望和价值观时，作为玩家的我们，则会比别人更早地觉察到自己内心世界所发生的变化，并去接受它们、认可它们，甚至是利用它们。著名的英国音乐家、音乐制作人兼艺术家布莱恩·伊诺在最近坦露，有一个问题已经困扰了他大半辈子，那就是“我到底真正喜欢什么”。在很多年前，他终于找到了答案。虽然在当时他的选择并不是主流，但他依然决定听从自己的内心。后来，他就成为英国乐坛的领军人物，开创了一种全新的音乐类型（就是我们现在所称的“氛围音乐”），并且还和一些世界顶级的乐队一起演出，包括著名的爱尔兰 U2 乐队和英国的酷玩乐队。

5. 玩家们是特立独行的

工作者们坚持遵循自己行业或专业领域中的惯例，但玩家们任由自己的兴趣野蛮生长。无论这些兴趣在别人看来是多么的异想天开、不可思议，甚至有时还会招来误解和嘲笑，但往往可以创造出打破常规的作品，或是开创打破规则的事业。事实上，正是我们这帮玩家，才为所有人改变了游戏规则。

属于这个时代的巨大进步，将会由那些敢于做出大胆尝试的人们来开创，而且只有真正懂得如何去玩的人才可以做到。

——纳格尔·杰克逊　戏剧导演、获奖剧作家玩家们永远不会停止冒险。我们会对别人毫不在意的事情感到着迷；我们只走在自己的路上，那些看起来毫无关联的各种事物就是我们沿途的风景，我们的终点有时还可能会涉及一些颇受争议的艺术、政治、宗教等问题；我们在自由的探险中探索着别人的禁忌；我们比大多数的人都要包容，思维也更加完整；我们关心着政治、情感和性别的话题，所以我们也知道要如何去善用自己所拥有的一切，并最大化地发挥自己的作用。

6. 玩家们绝不放弃探索、永不停止学习

当孩子们玩耍时，他们并不会在脑子里提前预设自己能从这次玩耍中获得什么，他们只是很纯粹地沉浸在对自己有吸引力的事物中而已。而玩耍这件事，却可以为他们绘制出一幅人生的成长曲线图，因为明天的玩耍肯定会与今天的玩耍有所不同。可是后来，等到成年之后，大部分的人也就此停下玩耍了。他们成为工作者，会去参加各种常规的公司培训，会为了自己的工作专门去学习新的技能，但就是没有顺着自己的成长曲线再继续走下去。而玩家们呢，仍然保持着好奇心，渴望学习一切新鲜的事物。我们仍然愿意去不断尝试，仍然愿意让自己的内驱力带着我们继续成长，我们的人生就是要活到老、学到老、探索到老。就像职业规划专家芭芭拉·谢尔所说的，我们都是“扫描人”，总是要不停地朝着下一个新事物出发。我们要往哪里走，都是靠自己的直觉决定的，而不是遵循世俗对成功和财富的定义，并且也只有这样的路才能赋予我们真正的独创性。在这个信息爆炸的时代，我们只会做信息传播的“信号增强者”，而不是“噪声制造者”。

7. 玩家们一点也不幼稚

玩家们并不是新时代的空想家。我们也会去观察市场的需求是什么，也会考虑自己可以创造出什么样的价值和财富。我们也明白有资本才能“玩”起来的道理，而且我们也比普通的工作者要赚得多，因为我们非常热爱自己所做的事（而这份热爱本身也是很有吸引力的）；因为我们是能够提出新颖想法的思想大师；因为我们专注于创造真正的价值（而不是想着挣快钱）；因为我们解决的是现实中真正存在的问题。

8. 玩家们能在死亡的浪潮中全身而退

从现在开始，我们需要变得敏锐、灵活、会玩才行，因为我们正处在一个剧烈动荡的时代——至今我们还没能从上一次金融危机的冲击中缓过来，同时，又将会有一阵汹涌的浪潮从东方袭来，因为中国、印度等这些国家的经济还一直在呈井喷式的发展着。甚至，还有人预言，我们将会亲眼见证以北美和西欧为世界经济主导的时代走向终结。

当生产外包的浪潮带走了那些易操作、重复性的工作，那创造力就自然成为我们最为稳妥的追求目标，因为它扎根于本土的文化和环境，是独一无二的。我们如今所处的时代是史无前例的，世界上的一切都已经被卷进了这场游戏当中，而只有真正的玩家才能够全身而退。

9. 玩家们都明白“玩”并非不劳而获

难道工作本身就是为了以后能有一个成功的人生吗？首先，

我对“工作”这个词就有异议。“工作”本身就包含了多重含义。它其中的一个定义指的是雇佣的劳动，然而这样的理解就导致了一种由来已久的生活方式——为了赚钱而勉强自己去做不喜欢的事，然后再在上班以外的闲暇时间去做自己真正想做的事。这个现象，恰恰就说明了为什么我们需要一个新的词汇！

工作的另一个定义，指的就是一个人的“努力程度”，而努力确实也是很重要的。毕竟，玩也是需要付出努力的，不管是观看一场橄榄球比赛，还是看一次 U2 乐队的现场演出，又或是在沙滩上看小孩子们堆城堡，哪怕是打一盘电子游戏，也是需要集中精力坚持不懈的。

而我们玩家所做的一切已经远远超越了“工作”所能概括的范围，因为我们是在用热情浇灌着自己的事业，不懈追求着创意和艺术方面的创造，并积极地开展属于自己的社会运动；因为我们是在探索世界，在不断摸索着自己喜欢什么，又可以做些什么，以拼凑出那个最完整的自己；因为我们对自己正在做的事是如此的充满热情，以至于时时刻刻都在惦记着它们。所以，我们的工作时间和休闲时间也就融为一体，变成了所谓的“玩”了！

采猎文明给我们的启发

除了我们的当代文明之外，在世界上的某处至今还存在着原始的采猎文明。而从他们身上，我们仍然可以获得一些新的启发。彼得·格雷是美国波士顿学院的心理学研究教授，在对采猎文明进行相关的研究之后，他发现这些原始采猎者其实并没有像我们一样把工作看成是必做的苦差事。在今日心理学杂志的网站上，格雷教授写道，原始采猎者们所谓的工作就是孩子们玩耍的一种延续而已：

孩子们无时无刻不在玩耍，无论是去打猎、采集水果、建房屋、造工具、做饭，还是抵御捕食者、生产、哺育、疗伤、协商……于是，当他们的玩耍水平逐渐变得高超精湛起来，这些活动就开始具有了一定的生产力。而这时，玩耍也就变成了工作，但是玩的性质却没有因此而改变，甚至还可能会比之前更加有趣，因为生产力的出现可以惠及整个部落，所以大家就会觉得它很重要。

工作总是一种自由的选择：

不管是在工作还是其他事情上，他们都会刻意避免告诉彼此应该怎么去做。不过，长期地一直回避显然也是很少发生的。对于他们来说，和伙伴们一起出门打猎或者采摘食物是很有趣的，而天天待在大本营里就会很无聊。但他们每个人都可以自己决定今天要不要去工作，以及做什么，而正是这一点才让工作这件事保留了玩耍的特质。

你猜怎么着，他们的工作时间居然比我们的还要短：

研究显示，这些采猎者们平均每周工作20—40个小时，而且这个结果也是以我们现在的工作为标准计算出来的。不仅如此，他们的工作也没有朝九晚五的规定，而是只有当自己觉得这是个适合干活的时候，或者是自己乐意去做的时候，他们才会去工作。

只是想想这样的一种工作状态，就会觉得心里美滋滋的吧！

从农耕社会开始，到后来的工业社会，在这足足1000年的时间里，我们发明了无数可以解放劳动力的机器，但事实上，我们并没有减少丝毫的劳动力。如今，大多数人的工作时间比这些原始采猎者们的还要长，而且总的来说，我们在工作的时候也不像他们那般有趣和快乐。

丢掉你的职业规划

我们只有愿意放弃为自己计划好的人生，才能更好地迎接未来的生活。

——约瑟夫·坎贝尔　比较神话学学者、作家、演说家

如今的世界是瞬息万变的，你给自己绘制好了未来5年的职业（或事业）蓝图，但很可能才不到一年的时间它就已经过时了。正如谷歌的CEO埃里克·施密特亲自承认的那样，尽管他们的公司会有一个明确的目标，但是“我们不会去制订某个5年计划、两年计划，甚至是年假”。即便如此，谷歌还是在2009年的第一个季度里斩获了超过55亿美元的佳绩。所以，就算你现在的事业才刚刚起步，这个道理也同样适用，因为你最后所得成功的事业往往都不会是你一开始去做的那个。

照现在看来，以前的那套老方法——立下一个远大的目标，并为了达成这个目标而不断地对现在的生活做出妥协，是越来越没有立足之地了。你应该将自己所有的注意力都集中到当下，正

如梅丽莎·皮尔斯[①]所说的，要去拥抱“永久测试版的人生”（life in perpetual beta）。她的这部同名纪录片主要探讨了科技发展对人类文明的改变，也就是说有了科技之后，我们的生活就可以少一些计划、多一些热情了。而她本人也是如此践行的：在纪录片的拍摄过程中，一边学习相关的摄影技巧，一边在博客上分享自己的感受。

那些长远的目标并不会让你一直感觉幸福，哪怕是一夜暴富也无法保证。有研究表明，当人们买彩票中了大奖之后，他们的幸福感会在短时间内快速上升，然后又回落到之前的水平。所以，真正重要的是你当下想要怎么活。想要成为一名“玩家”，那你一开始的目标就是要去做一些自己想做的事，并且从现在就开始行动，即使只能先从一些很小的事情做起。

有些讽刺的是，如果你找到了自己真正的兴趣所在，那你将会比那些只会追逐金钱的人赚得更多。而且，对于自己并不感兴趣的事情，你也是没办法做好它的。所以，你要是真的想变得富有，那就要选一些像“玩”一样的事去做，而不是去工作！这在商业上也同样适用，毕竟，你还真比不过那些发自内心热爱自己工作的人。

---

① Melissa Pierce，美国电影制作人，于2010年拍摄了纪录片《永久测试版的人生》*Life In Perpetual Beta*。——译者

我的故事：“在剩下的日子里，我不要再工作了”

在很多年以前，我还是一名电脑程序员，在那时我就知道自己想要做一些改变，但又不清楚到底要做什么。后来，我发现能找到答案的唯一方法就是花点时间去好好想想自己到底想要什么。

而我发现自己想要的，就是可以不用去工作。

不去工作，并不是说我只想整天躺在沙发上无所事事，而是我想去“玩”——想去“玩”一切自己喜欢的、有创意的、有趣的东西，而且还能“玩”出钱来。虽然在那个时候，这个想法看起来还很不切实际，但不久之后，它居然就真的实现了，我真的获得了自己想要的！那时，公司通知裁员，而自愿离职的人可以得到几个月的薪水补贴，于是我就毅然决定离职了，然后拿着这笔钱去做了自己想干的事。有几个和我一起离职的同事都给自己买了跑车，但是我没这么做，我选择了去“玩”：我自己做音乐，写文章，还在一家实验馆里制造装置。说起来，我在这段时间里“玩”的东西真的算是自己职业生涯中所做过的最刺激和最有趣的工作了，但是，它们还是属于“工作”。

后来，我还尝试做了一次单口喜剧（Stand-up Comedy）。于是我就把下面的内容放进了我准备的段子里：

我一直担心自己是不是选错了工作，但其实我更担心自己是不是根本就不适合工作。当然，对于赚钱我是没有任何意见的，我只是对“工作”这件事有些自己的看法。

我觉得自己的生活太忙了，忙到都挤不出时间来工作。我得忙着去做那些真正有趣的事，而工作这家伙总是碍手碍脚的。

我的职业目标就是能够做我自己，过我想要的生活，同时还能赚到钱。因为玩起来也是很忙的，同样也需要投入时间和精力，那我也应该得到相应的报酬才对。

至于我的职务……就是当约翰·威廉姆斯自己。

当我每天早晨一睁开眼，我的老板就会对我说：“干得不错，约翰！又是出色的一周，来，这是你的工资！”

以上说的这些，其实就是我想要去实现的事：我想去做一切自己想做的事，我想整天“玩”还能赚到钱，我想做我自己！

当然，也并不是说所有的工作都是很糟糕的。我就曾经干过一些很好的工作——特效软件开发员、网络媒体专员、国际咨询公司的高级管理顾问，但是无论哪一份工作，都只会让我觉得日子在悄悄地溜走，而我自己就被困在了一间令人乏味的办公室里，盯着面前的一台电脑。

到了 2003 年，我终于自由了。我就向全世界宣布：“在剩下的日子里，我不要再工作了！”现在，我有了一份组合型的职业，包括对别人的职业生涯和事业发展进行指导、在企业里做创意工作坊、写广告文案、写博客、网络营销以及负责策划在伦敦每月举行一次的“扫描人之夜”活动。我可以自行决定自己的工作时间，挑选自己想要的工作伙伴，还能随意变换工作地点——在家里，或是外面的花园里，还可以在咖啡店里，甚至是在企业家们聚集的共享工作空间里。

这一路上，我还做过一些很有趣的实验：我将一份全职变成了每周只工作 3 天，却依然可以得到相同薪水的工作；我只做了 3 个月的咨询师就赚够了一整年的生活费；我出差去了美国、日本、南非和欧洲的大部分国家（而且还常常打破“出差没办法好好欣赏当地景色”的陈旧观念）；我还很享受地做了一些创意项目，比如，把我自己做的实验性音乐（Experimental Music）放到全世界的广播电台和电视新闻频道中播放。

我也不清楚，等到自己岁数再大一些的时候，自己还会想要做些什么。不过，我却发现只要我越投入地去做自己喜欢做的事，即便它没有立即显现出会让我赚大钱的迹象，但我之后往往会变得越成功。我还没有成为百万富翁，但我已经在我自己的职业生涯，以及我的客户们的职业生涯中学到了很多有用的知识，也明白了是什么在让大家退缩。我的“边玩边赚”之旅还在继续，它并不是一个已经完成了的项目，而我也希望能够说服你们，一起来开启你们的“玩家”之旅！

来谈谈死亡这件事

突然把“死亡”放到这本关于“玩”的书里来谈论，乍一看是挺奇怪的，但事实上，它却和我们的主题密切相关。接下来，我将向你们分享一个小故事，它对我的人生产生了重大的影响，或许在看完之后你们就会明白其中的道理了。

那个时候，我还只有5个月大。父母为了让亲戚们见一见我，就开车载着我和哥哥出门了。然而，车子刚驶出家门口几分钟，我们就与一辆迎面而来的车相撞了。后来才得知是一位喝醉酒的年轻司机失去控制，竟然把车开到我们的车道上来了。

我的父母都受了重伤。虽然母亲后来完全康复了，但我的父亲却在车祸发生的10天后，因为并发症在医院不幸去世了。那时他才34岁。

在我还没长大，也还没来得及好好认识父亲之前，我就永远地失去了他。而这件事也给我的人生留下了无法磨灭的印记，它让我深切而悲痛地认识到，生命的陨落是随时都有可能发生的。在知道了这个残酷的事实后，现在请你回答我：你还愿意再花上几年的时间去做自己并不满意的工作，然后盼望着之后你就可以做自己真正喜欢的事了吗？

其实，本书真正想要传达的是：

不要再浪费你生命中的任何一分钟

你真正想要的生活是什么样的？这本书会告诉你如何从现在就行动起来。如果你还是不知道自己想要什么，那你现在的任务就是去找到它，当然本书也会告诉你要如何去寻找。至于你能不能完成自己想做的事，其实也没有那么重要，全身心地投入才是最重要的，因为在“玩”的过程中你总是可以找到解决办法的。当你全身心地投入一件正确的事中，你自然就会吸引周围与你志同道合的人，所以，哪怕最坏的事情发生了——你最后没能完成自己想做的事，他们也会来接着替你完成的。

要去做对自己真正重要的事，就从现在开始“玩”起来吧！

苹果的前CEO史蒂夫·乔布斯也有过类似的结论：

在我17岁的时候，我曾经读到过一句格言，大意是说：“如果你把每一天都当成自己的最后一天来过，那总有一天你会发现自己是在做着正确的事。”这句话给我留下了很深刻的印象，所以自那之后的33年间，每天早上我都会站在镜子面前问自己：“如果今天是我生命中的最后一天，那我还会想做原本打算要做的事情吗？”如果这个问题的否定答案连续出现了很多天的话，那我就知道是时候要做出一些改变了。

记住自己随时都有可能会死掉这件事，是我迄今所见到的最能帮助自己做出人生重大选择的方法了。因为世界上几乎所有的事，包括一切来自外界的期望、一切的自尊心、一切对丢脸和失败的恐惧，都会在死亡的面前败下阵来。所以，死亡才是对我们真正重要的东西。同样，记住自己正在一步步走向死亡，这也是我迄今所知道的最能够避免自己总是害怕失去什么的方法了。既然你都已经把自己看穿了，那也就再没有任何理由不去听从你的内心了。

——史蒂夫·乔布斯　苹果前 CEO、皮克斯动画前 CEO

开启“边玩边赚”之旅的第一步，就是要找到你真正想做的事，而下一章将会告诉你要怎么去找到它。

秘诀一

如何找到自己真正想做的

好东西当然是要多多益善。

——梅·韦斯特 美国演员、剧作家、电影编剧

“边玩边赚”的第一步就是要搞清楚“玩”到底对你来说意味着什么，而你也将会在这一章中找到答案。此外，我还会让你知道，无论你此刻所想的事有多么异想天开，你也总能够去做自己真的、真的很想去做的事情。

如果你很满意自己现在的工作，并且只是希望能够在此基础之上取得更大的成功，那你就可以直接跳过这一章了。可如果你现在的工作还没有任何起色，就千万不要跳过！你要把握住这个好机会，因为你很可能只是走错了方向。在读完这一章之后，你就会知道要如何重新调整自己的方向，然后将精力集中在自己觉得最有趣又简单的事情上。于是，在付出同样努力的情况下，你会取得更好的成绩。

因为喜欢巧克力

佩特拉·巴尔朗的“巧克力之星”（Choc Star）是全英国唯一的一辆会移动的“巧克力车”。它的前身其实是一辆冰激凌车，在经过重新改装之后，现在专门用来售卖各种美味的巧克力甜品。“巧克力之星”会出现在各种集市、音乐节，甚至是私人聚会上，给大家带去无限欢乐。不过，佩特拉是怎么想到要做这样一件事的呢？

我的人生中有三件最重要的事情：旅行、认识新朋友、吃东西。我一直在思考着，到底什么样的方法才能把这些事情变成我每天早上起床的动力和可以谋生的手段，也就是说，能够让我的生活和生计同时进行、两不耽误。

我曾经尝试过很多不同的工作。在我大学刚毕业的时候，我就在想："将来我要成为一位选角导演。"接着，我就在伦敦跟着一些选角导演们学习，负责去找一些合适的人选来参演电视广告和流行音乐短片。那个时候，我常常得拦住街上的陌生人，对他们说："你好，我觉得你很适合演这个角色。"我喜欢这份工作，但是我也渴望着能够到处旅行，我想离开这个地方，去看看外面的世界。所以，我就选择了去海上流浪。我在游遍世界的超级游艇上工作，为一帮超级有钱的人服务：给他们调鸡尾酒、铺床铺、伺候晚餐。这份工作也挺棒的，但是对我来说，在船上的生活就是有点枯燥，还有点被束缚着的感觉。

在这段漂泊的日子里，我开始注意到，无论自己走到哪里，总是会被巧克力店所吸引。不论是在美国、西班牙，还是法国、以色列，我总是在各式各样的巧克力店里逛来逛去，观察其他人在做什么。直到最后，我终于想通了，是的，应该适可而止了！我最终放弃了在游艇上的工作，决定回到伦敦。因为我想做一件和巧克力有关的事，而这件事也可以让我一边旅行一边认识新朋友，接着我就准备开始我的巧克力事业了。我就想着，对呀，我得先有一辆冰激凌车，再把它变成一辆巧克力车，然后，我就一路开着它环游世界。

找到正确的出发点

当我们在试着决定自己真正想做什么的时候，就总会有一些过时的工作观念阻碍着我们，比如，将工作看作是我们“必须”做的事，而不是我们“想要”做的事。这些观念会让我们从一开始就做出一些不必要的妥协，同时也限制了我们的选择范围。然而，要是我们足够勇敢地选择逃离目前很不喜欢的这份工作，那最后我们至少还能看到自己有了一些进步。或许你会觉得这个想法很像在问:“还有什么会比现在更糟糕吗?”如果你还想通过“玩”来谋生的话，那抱着这种想法的你，其实从一开始就已经错了。况且像这样蹩脚的问题，本来就不值得我们花精力去想。

下面的这个问题，才更值得你去思考:“对我来说，究竟什么样的工作才能像玩一样呢?”

为了找到答案，你就要假设自己能够去做这世界上所有的事情，我是认真的，就是世界上所有的事。先暂时忘掉一切的不可能，就允许自己幻想那么一小会儿吧！但要是你的思绪卡在了下一步该怎么做上面，我敢打赌你一定是把“我想要什么”和“我现在能做什么”混淆在一起了。而现在，我们就先把精力放在第一个问题上，然后再接着思考要怎么去实现它，或者至少能够尽量朝着这个目标靠近。想要成功的话，你就要敢于追求自己想做的事，即便你现在还不清楚要怎么去实现。

如果你将自己的选择都限制在那些看似可能、合理的事情上，那么你就会和自己真正想要的东西脱节了，而最后剩下的也就只有你的妥协了。

——罗伯特·弗里茨　作曲家、电影制作人、组织发展顾问

你在人生中所能做的最有意义的事情之一，就是去弄清楚自己“喜欢什么”和“不喜欢什么”，但反过来，这也是人生中最为困难的事情之一。不管你信不信，其实只要真的弄明白这件事，那如何去做自己喜欢的事就会变得很简单了。你就只需要依照列好的步骤清单去做就行了——给 ×× 打电话，发一封 ×× 邮件，去 ×× 地方，做 ×× 事情……哪怕你遇到了困难，也会有其他人来帮你出谋划策的。

当你发现了自己最擅长的事情之后，你就要把它作为自己职业生涯的重心，并尽可能地避免自己不喜欢做的事情。这样总有一天，你会惊讶地发现原来自己可以进步得如此之快！你的工作会变得像玩耍一样，你对这份工作的热情也会每天都给你带来新的合作机会，而你的竞争者们，早就被你远远甩在身后了。

你的秘密武器：一本玩家宝典

不要再以为某天你会突然灵光一闪，然后就知道自己的人生目标是什么了！你要知道，这个关乎人生的重要决定并不是一蹴而就的，而是需要自己一步步去慢慢建构的。同样，你的玩家之路，也是需要自己一步一步地走出来的。

现在，给自己准备一个笔记本，专门用来记录你在从“工作者”转变为“玩家”过程中的所思所想。不管到哪儿，都要把它带在身上，然后再记下你所有的发现——你喜欢什么，你不喜欢什么，你羡慕哪个人的工作或者生活方式，有什么方法可以积累人脉，有哪些项目值得一试……都写完之后，它就是属于你自己的“玩家宝典”了！要选一本质量好一点的空白本子，而标准就只有一个，那就是当你每次翻开这个本子时，你都会获得新的启发；不要去买那种画有横线的本子，要全部都是空白的才行，因为只有全空白的才会方便你自己手绘一些表格、涂鸦、画点草图什么的（毕竟你又不是在完成学校作业，就算写得歪歪扭扭也没人会来说你的）；还要记得把你的名字和联系方式都写上，以免本子被你弄丢了。总之，它就是一本很重要的记录本。

此外，也不要把其他一些不相关的事统统记在上面，比如你的日程表、创意写作、任务清单之类的，你要确保自己可以很快地在本子上找到之前记下的内容。

接下来，我要谈到的就是让大多数人退缩的21个工作迷思中的第一个迷思。

迷思1：如果这件事情对我很重要，我就一定记得住

千万不要相信这句话！即便它是对的，那你又何必要在自己需要腾空大脑好好思考的时候，又不停地往里面塞一大堆要记住的东西呢？所以，每当有了新的想法，就把它记下来，不要一门心思地想要马上找出那个“答案”。也许某一天，你就会突然发现“答案”原来就在你记下的内容里。

理查德·布兰森爵士就有一本很简洁的黑色记事本，专门用来安排自己的工作内容，足足涉及200多个大大小小的事业。他曾说过：“我不敢相信为什么会有人不愿意动笔把要做的事情写下来，你知道他们肯定是没办法光用脑子就把所有事情都记住的。”所以，他给出的建议就是：“随时在你的裤兜里放一本小小的笔记本……确保自己可以用它记下一些想法、联系方式、建议、问题……当你把它带在身边，你的生活也会因此变得更加有条理。而如果没有这些在纸上记下的内容，我想自己也不可能将维珍集团发展成今天的样子了。”迄今为止，他写过的黑色记事本已经超过100本了。

“还有件事……”——或许“神探可伦坡”可以教你找到自己真正想做的事

我很喜欢看《神探可伦坡》(Columbo)，它是一部非常令人放松的电视剧，节奏不会很快，颇有自己的魅力。这部剧的系列作品连续播出了30多年，但在20世纪70年代播出的剧集才是其经典之作——一位留着络腮胡子的男主角和围绕着电话答录机等“尖端科技”产品而展开的剧情。

由彼得·福克[①]饰演的可伦坡警督，是美国洛杉矶警察局凶杀科的一名刑警。这部剧的一大特点就是，在每一集的开头都会先播出犯人的作案情形，所以，它并不存在任何悬念，也不用推理凶手是谁。观众们的真正乐趣，就在于看这位头发蓬乱、满脸歉意的神探如何一路跌跌撞撞地给“猎物”们设下陷阱，让他们承认自己的罪行。

神探可伦坡往往一开始就知道了凶手是谁，但他从不显露声色。他的高超之处就在于表现出一副毫无威胁的样子，使凶手卸下心理防线，与此同时，他着手收集一切有关真相的蛛丝马迹。

---

① Peter Falk，美国演员，《神探可伦坡》是他的成名作。——译者

无论证据有多么不起眼，他都一定不会错过，不管是一个单词，一个线头，还是录音机里的一个声音，他都会一一记在自己的本子上。要是他还是想不通一些细节，他就会故意分散凶手的注意力，说出那句著名台词——“还有件事……”

如果你想要找到自己的人生目标，那么你就可以在神探可伦坡身上学到很多有用的东西。现在，就是该你当“侦探”的时候了！你的任务就是去“寻找丢失的热情”，而你的敌人，就是那个总是在你心里批评自己的人，它的名字叫作“胜利者”（参见秘诀四）。

开始全方位地“监视”你自己，不要放过任何一个细节：你会最先翻看报纸的哪一个版面？在书店里你会被哪一类的书籍所吸引？你最喜欢的电视节目是什么？你会做什么样的趣味阅读？你小的时候喜欢玩什么？什么样的环境会给你带来灵感？你的朋友们是什么样的人？你适合什么样的生活安排？你的“作案手法”——工作习惯和风格是什么？这些信息都会对你的玩家之路产生一定帮助的。

“证据”就在前方！请跟随每一位榜样的脚步，并按照自己的直觉开始行动。在本章开头部分就提到过的佩特拉·巴尔朗也是如此，她跟着自己的感觉走，不停地进行尝试，然后就找到了自己的答案。她很清楚自己喜欢旅行、食物和认识新朋友，而当她发现自己总是会被巧克力店吸引的时候，最后的一个“谜团”也就解开了。

记住，要把你的玩家宝典随时带在身上，并逐条记下你发现的“证据”——你为什么喜欢这个工作，又为什么讨厌那个工作。

然后，再找出会让你感到兴奋的事情，但要记住这些事情常常也会带给你巨大的恐惧！稍后我们会继续讨论这一点。如果你发现自己走进了一条死胡同，就一定要去寻求帮助——找你的朋友、职业教练或者商业教练聊一聊。

（顺便提醒一下，等你最后再回来翻看这本宝典里的内容时，你可能就会发现原来自己所喜欢的事情，包括躺在沙发上看电视重播，是真的都可以在自己的事业中发挥作用的！）

迷思 2：真正适合我的工作一定是我还没有尝试过的

如果你现在工作很不顺心，那你可能就会认为世界上一定还有某个从未尝试的工作可以让自己脱离苦海。但事实上，如果你真的很喜欢做某件事的话，你应该早就在生活中接触过它了，可能你只是从来都没有把它当成一门职业而已。因此，从现在就开始去留心自己在生活中喜欢做的事情，然后你就会明白要怎么利用它来赚钱了。

不要再纠结自己的余生该如何度过了

有一个好消息，那就是你再也不用为自己的余生该做些什么而焦虑不安了。事实上，一直用这样的问题逼问你自己，只会让你感到更加不知所措而已。你根本就不可能知道 10 年后的自己想要什么，因为人总是在变的，你的下一个决定很可能会把你带到自己从来没有想到过的地方，让你看到了自己身上从没被发掘的另一面。

从现在起，让我们学会用一种“短期目光”来考虑事情！接下来就有一个小小的练习，或许可以帮助你进一步发现自己真正想做的事。

一起来放个“年假”吧！

给自己放一整年的假怎么样？就比如说接下来的整整 12 个月，是不是很心动呢？那好，我就在这儿给你批准了，搞定！

好吧，我知道你会有一些现实的顾虑，比如这一年要靠什么生活，但是我们稍微做一下梦也是无妨的吧！想象一下，我已经预付给了你一年的工资，所以你就不用担心赚钱的事了。再试着想一想：这个周五就是你最后一天去工作了，那么现在，你打算在这宝贵的一年时间里做些什么呢？一直在沙滩上坐着，什么也不干？那你知道其实只要过完了最初的几周后，你就会渴望去做些别的事情吗？如果确实是这样的话，你又要做些什么呢？在剩下的 11 个月里，你究竟会想去做什么呢？

或许，你会选择去做一些自己很久以前就想做的事：写一本书，录一张唱片，自主创业，写写博客，学一门自己感兴趣的东西，环球旅行，把家里重新装修一遍，认真学习摄影，举办个人展览，成为一位演说家，出演电视节目，和自己崇拜的职场精英一起工作，让世界变得更加美好……

或许，你会想要趁这段不用工作的时间解决一些私人问题：治疗总是会发作的肠绞痛，弄清楚怎样才能让自己真正感觉到快乐，开始一段美好的恋爱，或者是去修补家庭关系里出现的一道裂痕。

不管做什么都好，反正从这周五的下午 5 点开始，你就是自由之身了。你打算要去做些什么呢？

我的客户们是这样回答的：菲利普说他会“成立一个酷毙了的发明家工作室”；萨莉则说她会选择去“鼓捣一些东西，制作一些东西，然后再用一些时间去激励别人”；尼尔说他要学习整合心理学[①]；朱丽叶说她想坐着船横跨大西洋，再通过写博客的方式记录自己的经历；还有爱玛，她说自己想搬到海边去住，再养一只狗狗，还要尽情地拍很多花卉照片。

① Integral Philosophy，同 Integral Theory，是美国著名的心理学家、哲学家肯·威尔伯（Ken Wilber）提出的理论。——译者

赶快写下你的答案！在你的玩家宝典里找到一张空白页（或者随便在周围找一张便条纸，这时候就别舍不得了），然后就在上面写下自己在这一年时间中想做的所有事情，要是其中有任何一件事的花销超过了你一年的工资，我在这里向你保证，我会给你一笔花不完的钱，任你去完成所有你想体验的事情。不过，这些钱可不是让你去狂买金光闪闪的奢侈品的，而是要让你无后顾之忧地去体验自己想做的事——环游世界，买一座你想亲自修复的城堡……现在，一切皆有可能！

当然，一开始你很可能单纯地就只想放个长假，或是和朋友们叙叙旧什么的。但是，等你享受完这几个月的放松和聚会之后，请记得开始想想自己要做些什么！

还需要一些灵感？

你还是不太清楚自己到底要在这一年里做些什么吗？那不妨先来看看下面列出的 5 个问题，说不定就可以激发你的灵感！

回首自己的职业生涯，你觉得什么时候最快乐？

把你所有能想起来的瞬间都写下来。也许它们和你的工作没什么重要的联系，但你一定会觉得乐在其中，比如筹备一次圣诞派对，参加公司的橄榄球比赛之类的。把它们都记下来，再仔细想想到底是什么让你感觉如此快乐，然后你就会知道该把什么放进你的“年假”中了。

谁是你的“职场英雄”？

你有没有发自内心地羡慕某个人的生活或者工作？他是谁呢？是某个名人、历史人物、现实中认识的人，还是虚拟人物？你最羡慕他什么呢？是其从事的领域，所创造的成果，还是令你敬佩的做事态度？在你看来，他最了不起的成就是什么呢？请把这些都写在你的玩家宝典里。如果你想到的人不止一位，也请全部写下来。

布莱恩·伊诺就是我自己很崇拜的一位“职场英雄”，他是一位音乐人、制作人、视觉艺术家和创意大师。曾经，他把自己写了一年的日记结集成书出版了，在书中的引言部分他写道：“我有一个很棒的人生，因为我做了很多自己想做的事情。而我唯一真正遇到过的问题，就是找到自己想做什么。”他的职业非常丰富多元，在自己的领域里也很受大家尊敬，虽然大部分的人都从未听说过他的名字，但这样一来，他就可以随便走在大街上，不会被大家围观了。对我来说，这就是我理想中的工作该有的样子！那你的又是什么样的呢？在你的“职场英雄”们的身上，又有哪些东西是你想在这一年中去自我实现的呢？

你会嫉妒谁？

你嫉妒谁的工作呢？你最嫉妒他工作中的哪一方面？在我帮助客户们规划自己职业生涯的时候，我常常会感到嫉妒。让我印象比较深刻的有两位客户，他们当时都想进最顶尖的大型创意公司工作，而这些公司在业界都是赫赫有名的，所以非常难进。于是其中的一位客户就给应聘的公司做了一个蛋糕，并且还用糖霜在蛋糕上面写了自己的简历，然后就得到了面试的机会。最后就真的成功了！

其实，嫉妒也有一定的好处，它可以让我知道原来自己还有欠缺的东西。通过这件事，我发现我应该把更多对设计的热情融入自己的工作中去。于是，我就开始和一些很厉害的设计师们合作，并帮助好几个企业设计了属于自己的品牌，然后我还在博客上向大家简单地介绍了一些当代的图像设计，不过这一点仅仅是出于好玩罢了。

有时候，嫉妒也会揭示一些你没办法通过其他方式发现的事情。举个例子，当人们被问到理想的工作是什么的时候，大多数人都会回答不上来；而当他们被问到自己最嫉妒谁的工作/事业/生活方式时，一些有用的信息就会出来了。只要你没有被嫉妒冲昏头脑，也不认为自己绝对不可能得到想要的东西，那你就可以试着借助一下嫉妒的力量！

你嫉妒了，就意味着你想要得到一些自己还无法企及的东西。如果你最终可以消除自己的嫉妒，并去努力获得自己想要的东西，那弄清楚你在嫉妒什么就是很有帮助的。想象一下，你现在雇请了一位自己很嫉妒的人，而他会负责指导你如何一步步地朝着自己想要的东西前进。你觉得他会给你什么样的建议？他需要教会你一些什么？或许你还需要借用一下他的资源和人脉。当你拥有了这些之后，你想做一些什么呢？请把它们写下来。

有哪些事情会让你感觉停不下来？

你最讨厌自己不能去做什么事情呢？在自己好不容易挤出的时间里，你会做一些什么事呢？又有什么事情是你本该去做却又很难去做的？把它们写下来。然后看一看，这里面有没有你想在这空闲的一年中继续做的事情呢？从现在开始想象你可以通过这些事情赚到钱，就像林赛·芒福德一样，通过玩社交媒体和看视频就赚到了钱，有关林赛的更多故事可参见下一章。

如果你知道自己一定不会失败，那你想要做什么？

写一本小说？成为一名摇滚明星？登上马特洪峰[①]？找到可以治愈某种癌症的特效药？写出你自己的答案，然后再从里面挑出一件事加到你的“年假”中。你要相信，无论你的梦想有多么不着边际，你总能找到办法去一尝个中滋味的！

① Matterhorn，位于瑞士和意大利之间的边境山峰，被称为“世界上最难登顶的山峰”。——译者

在“年假”里想做的事情太多了？

到了现在，你可能已经写好自己想做的所有事情了，但等你回过头来一看，就会惊讶地发现，为什么想做的事这么多呀！

迷思 3：我应该要找到一件感兴趣的事，并坚持做下去

在传统的工作世界中，人们身上的所有特质都会被挤放在一个很小的盒子里，而盒子的外面则会贴上一个简单的标签：程序员、会计师、设计师、作家……但是，这个小小的标签并不能够将我们全部概括，因为我们都是“斜杠人”：程序员 / 社会活动家、会计师 / 企业培训师、室内设计师 / 电视名人 / 音乐人、作家 / 演说家 / 家长……所以，如果你现在想从头开始规划自己的职业生涯，就不要再隐藏自己身上的任何一部分了。作为一名“玩家”，你完全可以在工作中展现自己的全部，并成为一个更加独特的自己。

你的兴趣总是会随着时间不停地变化、升级和延展，因此，

你也需要不断地去重新定义自己的工作。目前，你所从事的工作在过去看来或许很刺激，很具有挑战性，但到了现在，它有可能只会让你感觉枯燥乏味。这其实是很正常的现象，因为那些让我们感到刺激的项目和任务往往都在挑战着我们的极限，而一旦我们挑战成功之后，它们就失去了原来的吸引力，所以我们自然就会开始期待下一个任务了。

对于职业发展，我们每个人都会有自己的节奏。你的节奏又是什么样的呢？你会愿意花上几年的时间只去精心钻研一件事情吗？还是说你很容易就会对事物产生厌倦，所以为了保持自己的好奇心，你只好不断尝试新鲜的事物？如果你是属于后者的话，那么你就是职业专家芭芭拉·谢尔所说的“扫描人”类型了。

你是“扫描人”吗？

- 你所感兴趣的事情是不是看起来都不太一样，甚至是毫无关联的？
- 你是不是每一周都会被不同的事物所吸引？
- 你是不是认为要把精力长时间地集中在某一件事、某一种技能、某一项工作上这个想法非常可怕？
- 你是不是会开始做很多事情，但都在完成它们之前跑去做了其他的事？

在上面的4个问题中，如果你的肯定答案达到了一个以上，那你很可能就是一位“扫描人”了。“扫描人”们很喜欢学习和探索新鲜事物，但往往不久之后就会感到厌倦了，因为他们所在意的是事物的广度，而不是深度。对于“扫描人”来说，只要他们所学习的东西可以让自己欣赏到事物本身最有趣的部分就足够了。然后，他们就会继续朝着下一个新的事物出发。

有时候，“扫描人”也可以代指文艺复兴时期的人，比如达·芬奇，他可以算是世界上最为出名的“扫描人”了。达·芬奇是科学家、数学家、工程师、发明家、解剖学家、画家、雕刻家、建筑家、植物学家、音乐家和作家，而且他通常也不会逐一去完成自己做的所有事情。所以，如果你也是这样的话，那你可有一位了不起的同伴了！

创业者们通常也是“扫描人”，他们都懂得如何最大化地利用自己的创业热情，去做出一番成绩。

“我真的对它们很感兴趣，但过不了多久我就腻了”

苏菲·博斯和她的姐姐奥黛丽·博斯一起经营着她们的事业——“超越巧克力”。姐妹俩专门帮助那些被节食减肥和暴饮暴食所困扰的女性们，让她们可以毫无负罪感地尽情享受食物。在过去的很多年里，苏菲都找不到一份能让自己保持兴趣的工作，直到后来，她才开始做起了现在的事业。

我从小就属于那种人，就是很喜欢去学做一些很新奇的事，等我研究明白怎么做之后，我就会热情地一头扎进去，但是没多久，我就觉得腻了。不管是学编织、缝纫、摄影，还是做料理，只要是你能说得出来的，我都会去尝试一下。我真的会很投入地去做这件事，但用不了多久，当我完全掌握了它的诀窍之后，我就会觉得这件事很无聊，接着我就会去做其他的事了。同样，我对待工作也是如此。大学毕业之后，我在一家知名的大众品牌店里当经理。当时我做得真的非常好，但是到了职业顶峰之后，我就开始觉得“这是我做过的最无聊的工作了”，之后我就辞职去做广告销售了。这次我也同样做得不错，那个时候是20世纪80年代末，正好是经济繁荣的时期，所以我赚了一大笔钱，但我也觉得这份工作实在是太枯燥了，于是就又开始去找能够刺激自己的其他事做了。接着，我决定继续深造去当个老师，而且也同样花了一段时间做这件我喜欢的事情。我就是喜欢挑战每一个新任务时的那种刺激感，我会很努力地去做到最好，但过了一两年之后，我就会腻了，因为那种刺激的感觉已渐渐消失了。我不知道“扫描人”是什么，也不知道自己这样的表现对不对，因为其实我会常常告诉自己：“你不管做什么都不会感到开心的。”

而和姐姐奥黛丽一起做的这件事，才真正让她一直保持着兴趣。

如今，我创立了自己的事业，可以随心所欲地做自己想做的事。我朝着自己感兴趣的方向发展这份事业，而我和姐姐也在不断地开发新的项目，一旦它们成熟，我们就会准备去进行新的项目！

无论你是“扫描人”也好，还是喜欢长久地专心做一件事也罢，重要的一点是，你要找到适合自己的生活方式。如果你喜欢精心钻研，那么在这一年中你可能就会选择埋头苦学；如果你是一个“扫描人”，那么这一年你可能就会选一件（或几件）能让你一直感兴趣的事去做，而这些事应该会涉及多个领域，需要学习很多新的知识，但同时又可以让你施展才华，想出很多新奇点子，或是让你尽情去进行探索。“扫描人”往往能成为优秀的新闻记者、喜剧演员、咨询顾问、演说家、研究员、发明家等，而这些职业特别强调的能力有快速学习能力、创意联想能力、交际能力和不断接受挑战的能力；而另外一些强调“始终如一”的工作，像编辑、项目策划、财务管理等，就会需要其他的人来做了。

如果说只能空出一年时间来做的这件事让你感觉压力很大，那就继续往下读，再做一个练习来热热身！

欢迎来到“平行宇宙”

我的叔叔是一位天体物理学家，为世界各地的大型天文馆工作。有一次圣诞节，我们俩通了一次电话。叔叔虽然聪明，但是非常内向，所以我就一直在找能和他聊起来的话题。在聊了一些无关紧要的小事之后，我突然问：“最近的物理界有什么新发现吗？”叔叔停顿了好长时间，似乎是在整理思绪，然后用低沉而悲切的嗓音回答：“嗯……目前大家对平行宇宙之间的虫洞很感兴趣。”“等一下，刚才你是说……”我继续问，“你是说真的有平行宇宙存在吗”？“嗯，是的，这是目前最为合理的一种说法了。”叔叔很平静地回答着。而不知怎的，这种令人难以置信的论断，并没有就此停留在报纸的头版上。

一些量子力学的专家们更进一步表示，每当我们做出一个决定，宇宙就会分裂成两个：在一个宇宙里我们做了这个选择，而在另外一个宇宙里我们做了相反的选择。虽然到目前为止，我们还不知道怎么去往这些平行宇宙，但当叔叔说到这个概念的时候，我就觉得它很值得我们去借鉴和思考，因为你现在不是只有一年的时间，而是你的这一年将会有无限个不同的版本。

我们就先挑出其中的 7 个版本来看一看吧！试想一下你现在

有 7 年的时间去过完全不同的 7 种生活，然后再把你想在每一年里分别做的事情都一一写下来。在宇宙一里，你也许会想成为一名富有的企业家；在宇宙二里，你可能想去印度，进行精神上的追求；在宇宙三里，你可能是一位全职的父亲或母亲；在宇宙四里，你或许就成为一位社会活动家；在宇宙五里，你又可能是一位全职艺术家。数到现在还剩下两个，等你想好之后，也请把它们写进你的玩家宝典里。

不过，这一切听起来是不是不太切合实际？确实是有一点。但是只要你敢想，你最后就有可能得到自己想要的。如果你都不知道自己想要什么，那又怎么可能会得到呢？即便最后你没有得到自己想要的，但至少你也会更加清楚它到底是什么样子了。

有一个好消息：你可以得到自己“真正”想要的

这个道理是这样的：不论“边玩边赚”这个梦想听起来有多么疯狂，你总是可以获得你真正渴求的那一部分东西的，即使你无法原原本本地做到自己所设想的那样，只要你的方法足够灵活变通，你依旧可以感受到其中最精彩的部分！

大多数人从来都没有问过自己一个重要的问题：你到底想在一份理想的工作中获得什么样的体验？比如，有很多人想成为摇滚明星，但是他们的出发点却不尽相同，那你自己究竟看重的是什么呢？对你来说，成为摇滚明星是为了什么？有的人是为了可以在观众面前表演，成为舞台的焦点；有的人是为了变得有钱；还有的人是为了其他的东西——创造力、受人敬仰的地位、反叛精神、和乐队一起巡演、掌控自己的人生……

一旦你清楚了自己真正想体验的是什么，那在为了这个梦想奋斗的过程中你就会明确自己应该会得到什么，更重要的是，就算你最后决定了不去实现最初的那个梦想，你也还会有很多其他的方法去获得这份自己最想要的东西。

我们来试想一下，这里有一位怀揣着摇滚明星梦的律师，他意识到了自己更愿意有一份收入稳定的工作，所以就不想为了当摇滚明星而冒险赌上自己的一切。不过，他选择去了一家唱片公司的法律部门工作，因为这看起来是个折中的好办法。但是问题来了，他的工作体验几乎没有任何变化，工作内容也是日复一日，还是整天坐在办公室里面拟合同，只是麦当娜会时不时地从他面前经过而已。然而，如果他想获得的体验是上台表演的话，或许作为一名法律专家出演一些电视节目，或是在某个重要的会议上进行发言都会显得更合适一些。

回到你自身想一想，你想在自己的理想工作中体验一些什么东西，然后写在你的玩家宝典上。对你而言，这份理想的工作中最核心的部分是什么？最让你感到刺激的又是什么？你要完全诚实地回答这些问题，不要担心别人会怎么看你，无论你想成为世界名人也好，想变得有钱也罢，哪怕你觉得世界上最好玩的事就是聚精会神地看 30 页的财务数据也无妨，千万不要让别人的看法干扰到自己，别管他们是不是会觉得你的想法过于自私、肤浅、奇怪、无聊……你就只管写下来就好了！

迷思 4：要想做自己喜欢的工作，就得投入大量的时间和金钱进行自我提升

人们常常会错误地认为，想要找到一份自己喜欢的工作，就意味着要投入大量的时间和金钱去接受相应的培训。然而，如果你不想这么做，或者没有条件去这么做的话，你还可以发挥自己的聪明才智，想出其他同样可行的方法。只要你清楚这份工作最吸引自己的部分是什么，你就可以省去那些冗长的培

训过程，为自己找到一条捷径。

当我们把梦想的实现与否看得过于重要的时候，我们就会变得迷茫。事实上，梦想只是你通往自己想要的人生体验途中的一块标志牌而已，它会告诉你还需要做些什么才能进入下一个成长阶段。而这种“成长”也是我们人类与生俱来的，只要我们不刻意地抑制，它就会伴随我们一生，就好像到了人生的某个阶段，你会自然想成为某个团队的领导者，或是想爬到自己所在事业链的顶端等。一旦你已经获得了这种体验，你又自然地会想要另起炉灶，为自己打拼。所以说，人生的每一段经历都是由上一段经历所铺垫而成的，而你也无法知道下一段经历又会将自己带向何方。如果你现在还是对自己的渴望视而不见，那你也不会知道自己将会去到哪些有趣的地方了。

看一下自己到目前为止写下来的东西，你可能会被吓一大跳，因为它们看起来好像都没什么内在的联系。但不用担心，只要你能找到某个方法让自己获得想要的体验，你自然就会朝着一份更加满意的工作前进，并且一直不断地成长和进步。世界上所有的生物都具有这样的内在驱动力，想要成长，想要表现自己。哪怕一棵树也是如此，只要有足够的土壤和养分，它就会尽自己所能不断地生长。

音乐家就要去创作音乐，画家就要去画画，诗人就要去写诗，只有这样，他们才能维护自己内心的秩序。人们能成为什么样的人，就要去做什么样的事。

——亚伯拉罕·马斯洛　美国心理学家

当你真的进入了“玩”的行列，当你沿着这条可以让自己全身心投入参与和表达，充满刺激感和好奇心的道路前进时，你的工作就自然会变成只关乎“你是谁”和“你将成为谁”的问题了，而这也将会是从“工作者”成为“玩家”过程中的一个历史性转折。这时，工作已成为充分表达你自己的一种方式了。再往深一点说，就像美国作家大卫· 戴达所比喻的那样，它成为一个“渠道”(channel)，可以将你的这份热爱播撒给全世界。

你也许会问:“我真的可以找到一份自己想要的工作吗？”我的答案当然是肯定的，因为我们每一个人都是可以充分展现自己的，每一个人都可以将自己对工作的热爱分享给世界，而能阻止这一切发生的人，就只有你自己而已。敞开你的心扉，你就总会找到方法获得自己渴望的某种工作体验，在接下来的章节中你会知道如何才能确保自己找到它。

开始“玩转星期三”

下面的这个小练习，可以帮你具体描绘出自己未来的“玩家”生活，并让你能够从现在就开始体验。

让我们拉近镜头，聚焦到你的“年假”：很快 3 个月已经过去了，而你很享受这段自由时光，也过上了梦寐以求的生活，真的非常快活。如果今天是星期三，还是一个非常美妙的星期三，那应该会是怎样的一天呢？你住在哪里？几点钟起床？起床之后会最先做什么？你要从几点开始今天的工作？会去什么地方？要做一些什么事？和谁一起？剩下的这一天还会发生些什么？你的工作几点结束？接下来你还要做什么？请认真想一想，再把你的答案通通记在玩家宝典上吧！

当然，在现实生活中，你很可能没办法抽出一整年的时间不工作，但是你却可以开始让自己的理想生活一点一点地渗入现实生活里。每周的星期三就是一个很好的实验对象，它刚好介于一周工作日的中间，非常适合给你的工作日添上几分“玩”的趣味。

从每周的星期三开始行动起来，慢慢地向你的理想生活靠近。你可以在早上抽出一些时间来做自己想做的事情，如果条件允许的话中午也可以，或者下班后的晚上都是可以的，并在日程本上标注好每周的“玩转星期三”计划，以免自己忘记。哪怕你每次只能挤出几分钟的时间，也一定要去做！如果你想成为诗人，那就在上班通勤的时间里读一读诗集，写一写诗；如果你对股票交易感兴趣，那就花点时间读一下金融时报，或是和股市相关的书籍。随着“星期三”一次次地过去，你就需要开始想办法腾出更多的时间，只有这样你才能离自己的目标越来越近。为什么不干脆让自己用一整天的时间去试着过一下想要的生活呢？如果你在梦想着去海边住的话，那就索性去海边待上一天，感受一下当地人的生活。有关的科学实验也表明，当人们为自己描绘了未来的理想生活，并为之付诸行动的时候，的确是会感到更加幸福的，因此，这是很值得一试的！

在下一章中，你将会懂得下一步要怎么行动，才能继续将自己理想中的“年假”生活变为现实。

玩家小技巧

秘诀一的要点：

➔ 从头开始想一想你到底真正想要做什么，并将自己理想中的“年假”生活写下来。

➔ 主动寻找灵感，确定自己的答案：把你在工作中所有“喜欢”和“不喜欢”做的事一一写下来。

➔ 弄清楚自己真正想要的工作体验是什么，并相信自己总能找到方法去实现它。

目前你应该清楚：

➔ 自己理想中的职业生涯是什么样的？

➔ 自己想要在下一阶段的职业生涯中获得什么样的体验？

10分钟的玩家养成记：

➔ 翻开你的日程本，写下一个开启“玩家之旅”的时间，并准备一个新的笔记本作为自己的“玩家宝典”。

➔ 在你的日程本里标注好每周的“玩转星期三”计划，一点一点地规划出你想要的“年假”生活。

➔ 从现在就开始行动，让自己提前体验一下未来的“年假”生活会是什么样子的。或许，你还需要一点横向思维来帮助自己理解。举个例子，如果你梦想着以后去日本生活，即使现在看来是毫无可能的，但是你可以先从一些和它有关的事情做起，比如，读一本故事背景发生在日本的小说，观看有关日本的电影和纪录片，去吃日本料理，听日本音乐，报一个日语补习班，参加某个日语学习交流会……

虽然做这些事情都比不上真的在日本生活，但却可以让你稍微体验一下。在做这些事情的时候，你可以发挥自己的创造力，说不定还能培养出快乐积极的心态，而这种良好的心态才是最有可能让你的人生真正有所改变的。在下一章中，我们将继续讨论如何让你进一步实现真正的“年假”生活。

秘诀二

如何选择下一步做什么

世界的需求和你的天赋交会之处，就是你的职业所在。

——亚里士多德

如果你已经是自由之身了，那你现在就应该知道自己要去做些什么事了。在前一章中，你弄清楚了自己喜欢做什么，以及自己想要体验什么，那现在要怎样才能把这些东西串联起来，为自己指出一个可行的职业方向呢？又要怎样才能知道自己要往哪一条路去发展呢？所以，在这一章中，你将找到自己的职业方向，并深入地了解。下面，让我们先来看一个有关职业选择的故事：

保罗·麦卡特尼与电机绕线工

在 1961 年，保罗·麦卡特尼[①]面临着一个选择：到底是继续留在利物浦的工厂里安稳地当一名电机绕线工，还是加入披头士乐队，去追逐自己的梦想？关于接下来发生的事情，保罗是这么说的：

一开始，我在一家叫梅西 & 柯金斯（Massey and Coggins）的电机绕线工厂里工作。那个时候，我的父亲让我到外面去找一份工作，我对他说："我已经有工作了，就在一个乐队里面。"但是几周过后，父亲见我还是一事无成，便反对说："不行，你得去找一份正当的工作。"后来他就真的把我赶出了家门。所以，我不得不去职业介绍所找工作，到了那儿我说："能帮我找份工作吗？下

① Paul McCartney，英国创作歌手、作曲家、披头士乐队的成员。——译者

什么都行。”他们给我介绍的第一份工作就是去梅西 & 柯金斯工厂当扫地工，我立即接受了。

等我到工厂之后，人事部的负责人却说：“我们可不能就让你当个扫地工，你是一块能当经理的材料。”后来，他们就开始培养我，让我从生产车间的工作开始做起，并深信我日后一定能成为一名经理。当然，我并不擅长在车间里干活，也不是一名优秀的电机绕线工。

有一天，约翰和乔治①突然出现在工厂里，那时我应该是在扫地吧，他们告诉我在深洞俱乐部②会有一个演出机会，让我一起参加。但我说：“还是算了吧，我现在已经有了一份安稳的工作，每周可以赚 7.14 英镑，而且这里的人还要培养我当经理，一切都很好，我不能再贪心了。”而我的语气也十分严肃。

可是后来……我心里就想：“唉，不管了！我可不想一辈子就这样过下去了！”我就从工厂里跑了出来，再也没有回去。现在回过头来看，当时的决定真是再正确不过了！

——选自《披头士精选辑》

敢于去追求自己真正想做的事是很需要勇气的，而且你可能还要去挑战大多数人所坚信的那些工作迷思，就比如下面列出的这一条。

① 指的是约翰·列侬（John Lenon）和乔治·哈里森（George Harrison），披头士乐队的另外两位成员。——译者

② The Cavern Club，位于英国利物浦马修街10号，是披头士乐队进行首次演出的地方。——译者

迷思 5：只做自己喜欢的事情是很自私的

在实际生活中，有一种最致命的想法就是，如果你只做自己喜欢的事，而故意去避开自己讨厌的事，那么你就是一个自私的人。但是，你要清醒地记住，我们所喜欢做的事往往都是自己最擅长的。同样，这些让我们为之着迷的事，日后也会在我们的自身发展中起到非常关键的作用。

当你选择埋没自己独一无二的才能时，就会有人因此而遭受损失，可能是你的公司、客户，甚至是全世界的人，这才是真正的自私！你让所有人都有所损失，而世界也缺少了应有的光彩。试想一下，如果当初保罗·麦卡特尼认为自己参加披头士乐队就是一场自我放纵的胡闹，所以选择了留下来当一名毫无动力的绕线工，一切又会变成什么样呢？谁能保证你以后不会像保罗一样大有作为呢？所以没关系的，去做你自己真正擅长和喜欢的事吧！这不仅可以造福大家，而且也会比成为一个平庸的人好得多吧！

要记住，这并不是你一个人的事！如果你是一个完全封闭自己的艺术家，或者你写了一些作品，却从来没给别人看过，又或者你有了一个可以改善自己职业的想法，却觉得自己没有资格提出建议，那么你就很容易陷入自己的内心挣扎。但是，这一切并不只跟你自己有关。在你退缩的时候，其实每一个人都会错失某些东西。也许你写的第一部作品并不是那么优秀，但可以为你的下一部作品打好基础。而且，当你敢于去做自己在乎的事情时，你所拥有的这份勇敢，同样也会激励着其他人去做他们在乎的事。

一直做着不适合自己的工作，是不会让你变得幸福的。你的自尊是建立在自己的成就感之上的，如果你在工作中得到的全是负面的反馈，那你就会觉得自己很无能，也就因而丧失了自尊。所以重要的是，你要尽快去做一些更加适合自己的事情。

可是，要怎样才能知道自己应该去“玩”些什么呢？首先，你对什么感兴趣，就去玩什么，不要管它会给你带来多少收入，要去纯粹地玩。而这样的玩法，至少在短时间看来，是一种具有价值的追求。为什么呢？因为它是有趣的（而乐趣本身对你也是有益的）；它可以让你行动起来；它可以帮你发现自己喜欢的事（和你不喜欢的事），你擅长的事（和你不擅长的事）；它可以让你学到新的技能，挖掘出自己性格中的其他方面，并找到一个全新的人生方向。如果你苦思冥想了很久，还是不知道“下一步该怎么做”，那不妨花点时间去试一试，任意挑一件你真正喜欢做的事去“玩”上几个星期！

不过，要怎么才能保证自己最后可以“边玩边赚”而不是“越玩越穷”呢？关键就是，你“玩”的事情要能够满足大家的需求。此外，最新的心理研究也表明，世界上最幸福的人往往都是那些肯运用自己的天赋造福大众的人。

幸福的公式

你想知道通往幸福人生的神奇公式是什么吗?

它就是:

快乐 + 投入 + 意义 = 幸福

快乐是在你自己很享受的事情或关系中感受到的一种正面情绪，比如说，吃一顿美味的大餐、骑自行车、和你爱的人在公园里野餐;而且，快乐也是一种可以发现和体会这些美好事物的能力。有研究证明，哪怕是简单地回忆起一件发生在昨天的正面事件，也会明显地让人感觉更加快乐。

投入是你沉浸于某件事时感到十分满意的一种状态，以至于会忘记了时间的存在，只感觉时间在飞逝。而这就是你在“玩”的时候所应该有的状态，要全身心地投入你想在“年假”里做的事情。

意义是你利用自己的长处去完成一项比自己还重要的事业，也是你为自己生活之外的事情所做出的一种奉献。

想要自己的生活变得幸福满足，这三个条件缺一不可。我们常常会误以为快乐的真谛就是活得开心，但事实上，我们在那些愉悦的经历中所感受到的美好一般都持续不了多久。一旦这些经历结束，我们的感觉也就很快跟着消失了。然而，当我们去造福别人，帮助别人的时候，哪怕这件事已经结束了，但那种美好的感受却会久久地留存于我们心中。

当你沉浸在某件事中，就像是玩一样的时候，那你很可能就体会到了“快乐”和“投入”，而剩下的“意义”就在于要通过你的“玩”去帮助到其他的人。如果你想要“边玩边赚”，那就要考虑大家的需求是什么，只有这样才能确保你不会“越玩越穷”。

还有一点，通常我们说到要去帮助他人的时候，脑海里面就会浮现出一大堆“应该要做的事”，接着就会开始想象自己应该去敬老院帮忙准备茶点，或是住在非洲内陆国家的一个小土屋里帮助土著民，但这时的我们就掉进了所谓的“空想社会改良家”的陷阱里了。如果你想做这些事来帮助别人，那就去做；如果你不想这样做，那就找其他方法，同样也可以达到目的。还记得吗？我们应该去做有趣的事！所以，我想说的是，你要找到一个可以帮助到别人的方法而去做自己真正喜欢的事。下面这个小练习，就可以帮你找到这样的方法，或许你还会因此彻底改变自己的工作重心。

找到你的“闪光时刻”

在生活中，你一定有用自己的天赋帮助过别人的时候。现在请回想一下，你在最近工作中的某个重要时刻——你在做着自己很擅长的事，也是自己很喜欢做的事，然后还给别人带来了积极的影响。那个时候，你在做什么？又是什么让你觉得如此愉快？

你的“闪光时刻”可能会有不同的形式，比如，你提出了一个新的方案，可以让整个项目更加顺利地进行下去；在作汇报演讲的时候你说了一个很好笑的笑话；在某个同事最需要安慰的时候你给予了他鼓励；在某个交易中你拿到了很大的折扣；给别人提供了正确的信息；改进了某个流程或系统；找到了一个能让项目自动运转的好办法；在某个计划实施之前找出了错误……试着去找一找自己能从中获得很多快乐的事情，但快乐不仅限于这件事会带来的结果（比如来自老板或客户的表扬），而是在做这件事的实际过程中也感受到了快乐。

你的“闪光时刻”也可能会和自己的工作内容（或是主要的工作任务）不太相关，它可以是你把自己的电脑优化到了最佳状态，或是你给同事写了一封特别好玩的生日邮件。如果你目前的工作实在是糟糕极了，以至于你都想不出任何一个“闪光时刻”，那就不妨到你的私人生活里去找找有没有这样的一个时刻：你很出色地做成了某件事，在你很享受的同时也给别人带来了价值，而且这件事你一般只需要花费很少的时间就能做到——尽管是你在背后积累了大量的经验，做足了准备。

而像这样的时刻就是你的“闪光时刻”！快把它记在你的宝典上。然后再想出另外的两三个你很有印象的“闪光时刻”，也都通通记下来。你现在发现它们之间有什么特别的共同点吗？如果有的话，就记下来；如果没有的话，也不要太担心。

现在再来想想，你在工作的时候，这些“闪光时刻”平均多久会出现一次？每天？一个星期？还是一个月？还是只出现在你的业余时间里？假设现在一周里会有两次“闪光时刻”出现，那你觉得自己在工作中为雇主（或者公司）创造的价值会增加多少呢？也许你会发现自己的价值增加了两倍。现在我们再假设你的整个事业和你所有的工作日中都充满了这些“闪光时刻”，那你又会收获多少乐趣呢？此时你的价值又会是多少呢？所以你发现了吗，正是因为拥有这些价值，才有可能让自己的“边玩边赚”之路成为现实。

如何进入“流体验”——找到你的“财富原动力”

你的“闪光时刻”就是自己的最佳状态，而它就是一种“流体验”，也就是说，你要去做那些自己本来就擅长并且也喜欢做的事情。因此，要想“边玩边赚”的话，你就要尽可能地让自己多去进行一些“流体验”，而性格剖析刚好就可以帮你做到这一点。如果我们每个人都可以彻底地了解自己，完全清楚自己到底喜欢什么、讨厌什么，那我们就不需要这些用来剖析性格的测试了。通过分析自己的性格，我们才会知道自己到底适合什么样的工作。与此同时，性格分析在实际生活中也会给我们带来好处，它可以让我们知道自己身上有哪些最为出众的特点，以及自己适合（或不适合）哪些工作模式。

我最喜欢的一套性格剖析系统就是“财富原动力”了（它尤其适合创业家和准备去创业的人）。

“财富原动力”是由连续创业者罗杰·汉密尔顿发明的一套强大的性格分析系统，他的事业遍及出版业、房地产、事件管理、商业培训和特许经营等多个领域。

“财富原动力”并不会直接告诉你应该做什么样的工作，或者你应该发展什么样的事业。它只会让你明白自己在工作中应该扮演一个什么样的角色，而它就是你应该选择的那条“最小阻力之路”。当你一直坚持走在这条路上时，工作就会变得像“玩”一样了，你会更快地收获成功、财富和影响力，而你所付出的努力也会少得多。

很想知道自己是属于哪一种“财富性格”吗？下面就分别列出 8 种不同的财富性格，且每一种性格都有属于自己的“最小阻力之路”。看完它们各自的简介之后，请你对比一下，看看自己比较像哪一种性格。

创作者

优点：有远见、能开展项目和业务、发明新产品、想法新颖、思维活跃、擅长发明和创新。创作者通过让别人来管理自己开创的产品和业务而致富。

缺点：只能专心做一个项目，直到完成为止。不擅长财务管理、团队管理和行政管理工作。

明星

优点：能从人群中脱颖而出，是聚光灯下的焦点，敢于自我呈现，擅长表演；也很擅于在各个产品、业务以及周围环境中发现其最好的一面——作为室内设计师、平面设计师、市场（或品牌）营销专家；还擅长发现别人身上最好的一面——作为教练、励志演说家、个人形象顾问。明星通过创建自己的品牌而致富。

缺点：会认为个人形象要比执行力更加重要、容易挥霍钱财。

支持者

优点：掌握人际交往技巧和擅长建立人际关系，喜欢认识新朋友，能鼓舞团队士气，会帮助别人取得进步，而自己甘做幕后英雄，能将创作者脑中的疯狂想法转化为切实可行的项目和行动方案。支持者通过辅助具有潜质的创业者，或是带领着某个团队共同进步而致富。

缺点：不擅长做财务报表，在技术层面不够细心，不喜欢坐办公室，比起邮件和网上沟通，更喜欢和人面对面地交流。

媒合者

优点：善于沟通，有影响力，会谈判、能洞察市场之间的联系，会想方设法完成任务，熟知款待礼仪，懂得把握时机，喜欢忙碌的感觉，很务实和脚踏实地。媒合者通过促成其他人之间的交易而致富。

缺点：只会依照计划行事、没有创新思维。

商人

优点：无论是跳蚤市场里的便宜货，还是证券市场里的股份额，都可以进行低买高卖。外倾型商人擅长当面讨价还价，而内倾型商人则更擅长通过分析进行交易。商人们的交易无处不在——为了一个折扣讨价还价，或是在市场里摆个小摊卖东西。商人们也会热爱旅行和交流，还会对各种商品的进出口贸易很感兴趣。会把握时机、观察力敏锐、很理性、可以同时处理多个任务。

缺点：覆盖面太广，会导致多而不精。

积蓄者

优点：注重细节，遵循制度和程序，可靠，细心，能按时完成任务，做事谨慎，能发现项目中可能存在的漏洞，是一个团队中的理性担当，能确保一切都可以有序进行，按时完工。积蓄者通过放长线钓大鱼的方式而致富，比如投资股票、房地产和个人资产。

缺点：可能会拖延、过于注重细节、比较悲观、行动力较弱。

地主

优点：有条理，注重细节，考虑问题很全面，喜欢研究，能发现别人忽略的地方，能列出每一个细节。喜欢自动化的项目，这样就用不着自己天天出面了。地主通过“流”的累积而致富，比如资产租赁中的“现金流”，或是像谷歌创始人那样的“信息流”。

缺点：对社交礼节缺乏耐心，通常会规划过度，沉迷于数据分析，常常缺少大局意识。行动力不强但却很自信，会让身边的人感到沮丧。

技师

优点：总能找到某个更好的解决方法；能将临时接到的想法和流程（通常来自创作者们）转换为一套可重复操作的系统，或者直接生产出产品；能够很快地进行微调、精简、复制和升级；技师是很注重细节的完美主义者，创作者们擅长启动新的项目，而技师们则擅长完成项目。技师通过自己发明的工作系统和流程而致富，比如宜家的创始人英格瓦·坎普拉德和亚马逊的创始人杰夫·贝佐斯。

缺点：沟通方式容易引起摩擦，看上去会比较冷漠和疏远，常常会囿于框架，不太灵活，专注于完美，所以就不会轻易做出改变、过于注重细节。

你属于哪一种性格？

看完了这8种性格的描述，或许你已经找到了和自己相符的性格。希望你的性格报告会告诉你，其实你的潜力价值要远远大于你在上一份工作中所学到的可迁移性技能，而你拥有的天赋包括：激励他人、鼓舞他人、会讨价还价、能发现错误、善于人际交往、有微调能力、会自动化管理、思维活跃。或许它还会告诉你不要再继续当一个“全能多面手”了，而是要发挥自己的优点，避开自己的缺点。

你的任务就是要进入自己的“流体验”，去做自己天生就擅长做的事，而这些事也是你最乐意去做的。反之，你要避开那些“逆流体验”，可以通过委托、外包、交换等方式把它们让给别人去做。可是在实际生活中，却很少有人敢这么做，所以大多数的人也就从来没有感受过真正的“流体验”，我们在工作中的努力奋斗，却只换来了普普通通的业绩。现在想象一下，你只需要去做自己擅长的事，而你所讨厌的事则会交给其他更为擅长的同事，你的工作效率将会提高多少呢？

还要记住，“你所能做的事”和“你天生就擅长的事”之间是有着天壤之别的。你要去做自己真正擅长的事情，因为这样会比做一份“干得还行”的工作更容易成功。

在玩家宝典里写下那个最符合自己的财富性格，以及你发现自己已经具备的优点。然后，再写下你最近在工作中明显感受到“逆流体验”的一件事，也就是让你感到十分恼火的事。那么现在你要如何去避免自己做这件事，甚至让它从你的工作中完全消失呢？

麦克·索森——“快速企业家”

麦克·索森[①]是一位连续创业者，曾经负责管理过17个初创公司，也是《快速企业家》系列畅销书的作者之一。现在，他已经成为很多企业家的精神导师，在世界各地做个人演讲。他自己也是“财富原动力”方面的专家。

我向他请教了如何才能“边玩边赚”的问题，他是这么回答的：

如果你能找到一位和自己技能完全互补的拍档，也就是你的“衬托者”（foil），那你才更有可能“玩”起来。就像克里斯和我一样，我们一起合写了“快速”系列的几本书，但我们在各个方面都是截然相反的，刚好完全互补。凡是我擅长的事，他就一点都做不好，反之亦然。我是“明星”性格，而他是“技师”性格，也就是说，我天生比较外向，而他比较内向；我们两个的直觉都很敏锐，但是我更善于掌控大局，他更善于观察细节；我觉得

---

① Mike Southon，英国企业家、畅销书作家，在2002年出版了与克里斯·韦斯特（Christ West）合写的畅销书《快速企业家》（*The Beermat Entrepreneur*）。——译者

“玩”就是要出门去跟别人一起交流，而他觉得“玩”就是待在家里面写写书。

克里斯将我所有的经历做成了一个逻辑模型，我们就以此为基础写出了“快速”系列的畅销书。如今，我以专业演讲为生，这可能是我天生就适合做的事。我也尝试过很多不同的工作，比如演员、单口喜剧演员、乐队歌手、高科技产品销售员。而克里斯则是通过写书和举办一些关于市场营销的工作坊来谋生的。

因此，我给所有胸怀抱负的企业家们的建议是：首先，你要去了解自己，而像“财富原动力”这样的一些心理测量工具都是很有帮助的。然后，你要去找到自己的“衬托者”，一个和你完全相反、技能互补的人，就像我和克里斯一样。

感觉有些不妥？

整个人类的故事其实就是男人和女人都在低估自己的故事。

——亚伯拉罕·马斯洛　美国心理学家

一直在说要让你列出自己的天赋和优点，这或许会让你感觉有些不安。你也许会觉得有点像在吹牛。特别是在英国文化里，有不要让人们自吹自擂的历史传统。但是，如果你都不知道自己的天赋是什么，又何谈去运用它们呢？其实，了解并运用自己的天赋是一种非常慷慨的行为，因为你的天赋并不是为了你一个人而存在的，它属于你身边的每一个人。而只有当你将自己的天赋发挥出来的时候，你才能从中受益。反过来，将自己的天赋据为己有就会是一种非常自私的行为。

你可能会很容易就忽视自己能做好某件事的天赋，因为它对你来说实在是太轻而易举了，你无法想象自己会做不了这件事情，而且你可能也没有注意到原来其他人都没有你的这种天赋。我们就是太过于相信“要想谋生，就必须得去做苦差事”的道理了，所以对于拿着报酬去做一些轻而易举的事情，就会觉得自己好像在骗人！

我有一位很会处理人际关系的朋友，凡是遇见过他的人，就会觉得他真的很惹人喜欢、富有魅力。而这确实就是一种天赋，所以就有一些人专门教大家如何去处理人际关系，并以此谋生。快去问问你的朋友吧，看看你到底忽略了自己的哪些天赋？然后再记到你的玩家宝典上。

天赋、技能、热情

你的天赋、技能、热情的交会之处，就是通往“边玩边赚”的“甜蜜点”[①]。天赋，就是你与生俱来的东西。杰出的喜剧演员从学生时代开始就能让周围的人们哈哈大笑了。但是，当他们第一次拿着麦克风在台上表演的时候，他们往往会演砸。这是因为他们还得学习如何把控节奏、和观众互动、写素材等技能。此外，还有一个要素就是热情，即使你很擅长做某件事情，可要是你一点都不喜欢它，你就无法脱颖而出。我恰好有些天赋，我比较擅长安装一些很复杂的数字视频系统。这对我来说很容易，而且我也在之前的一份工作中积累了很多经验，但是我对它毫无热情，所以我不可能把它当作自己的工作重心。

因此，实现“边玩边赚”的最快途径，就是选择一件自己不仅有天赋和热情，而且还具备相关知识和技能的事情去做。你资历的深浅，也是别人衡量你有多少价值，并决定付你多少报酬的重要标尺。所以问题就在于，当你刚刚转入一个自己很感兴趣的新领域时，你的专业能力很可能是达不到同行前辈们的水平的，

① sweet spot，高尔夫运动中的专业术语，指的是每支球杆上都有一个最佳击球点，可以让击中的球飞出最远的距离。——译者

而这就会让你很难获得一份满意的薪水。

如果你能明智地选对自己的路，那你遇到的挫折就会少一些。当你在之前的工作中所积累的有用技能越多时，你就能越快地在新的工作中获得相应的报酬。即便你进入一个完全不同的新领域，但只要你还能够继续利用自己在过去积蓄的技能，例如人员管理、项目组织能力等，你就还是很有价值的。

同样，当你想要彻底放弃自己之前所在的专业领域时，也要三思而后行。如果你确实有做这件事的天赋，那很可能只是你没有找到一个正确的方式，去合理地将它运用在自己的工作中而已。像我曾经就认为，自己在科技领域积累的几十年经验，是没办法在我另一份更具有创造性的工作中发挥任何作用的。可事实上，当我就互联网战略为客户们的事业提供建议的时候，这些经验就成为我的一个独特“卖点”。所以，我对科技领域所熟悉的一切不但没有失效，反而被我用一种更加有趣的方式呈现出来——帮助人们找到一条更快的捷径，可以将自己的创意项目推向世界。如果你也可以找到一些更加有趣的方式运用自己的天赋，那你会想要运用哪些天赋呢？请把它们写下来。

“喜欢”和“金钱”之间的平衡

现在是时候来想想要怎么去运用自己的天赋、技能和热情了！如果你想要“边玩边赚”的话，那是否意味着你所做的每件事都要以赚钱为目的呢？在你想象的那个“年假”生活中，你肯定会想要去做很多不同的事情。有一些事可能纯粹是出于你的热爱，它们也许很难赚到钱，或者你根本就不想用它来赚钱。你也许就是不想让自己亲手做出来的创意作品迎合变幻莫测的市场，比如你创作的艺术品、音乐、诗歌等；而另外的一些事可能是你不太喜欢做的，但是它们却很有市场。你会如何抉择呢？这是一个永恒的难题——“喜欢”和“金钱”之间的平衡。

事实上，“你是为金钱而工作，还是为喜欢而工作”这个两难境地，是永远都不会消失的。即使是那些世界闻名的成功人士们，也要一直小心谨慎地在自己的职业生涯中维持着商业价值和个人热情两者之间的平衡。奥斯卡影帝乔治·布鲁尼已经到达了自己事业的巅峰，然而，正如其他同样成功的演员一样，他也会选择出演两种不同类型的电影，一种是像《十一罗汉》这样的商业片，而另一种则是比较小众的电影，但对他个人而言却是意义非凡的（比如电影《辛瑞那》，虽然总票房还不及前者的1/3，但却为他赢得了一座奥斯卡小金人)。

对于我们来说，这两者间的平衡可能就意味着：作为一名作家，你可以在著书之余写一些杂志文章、广告文案——它们同样是充满创意、令人愉快的；作为一名视频制作者，你可以去拍一些企业宣传片、广告片来补贴收入；作为一名互联网企业家，你可以去接一些很有难度的编程活儿来做，让自己不断进步。

不管你选择了哪种方式来维持生计，并以此为自己打造一个更加有趣的人生，看在老天爷的分上，请做得愉快一些吧！不要像大多数人那样犯傻，愿意接受任何低要求的工作，哪怕它很不适合自己。有太多的“玩家”掉入了陷阱，在做着一些很无聊的临时工作，或者去当私人助理，做累人的销售活等。如果这份工作一点儿都不适合你，那你迟早会被它弄得筋疲力尽，也就没有任何精力再去做自己真正想做的事了。同时，你还要小心另外一个陷阱：千万不要在你最应该鼓起勇气，立即开始去做自己真正想做的事情的时候，却选择浪费几个月（或是几年）的时间为自己积蓄一笔备用资金。

所以，你的目标就是要找到自己的“工作组合”——其中的一些工作会比较像在玩，而另一些工作则能在经济上带来更多回报——但是它们都不会超出“玩”的范围。想要确保自己能够进入“流体验”，那就去做一些你真正热爱的事情！如果你找对了方法，那你就会发现自己为了赚钱而做的工作，也可以与自己纯粹为了快乐而做的工作“互利共生”了。

看视频也能赚钱

林赛·芒福德一直都很清楚自己想要写书。可是，在取得文学学位之后，她已经负债累累了，所以她得先找一份工作。她开始做起了媒体销售，以及一系列痛苦不堪的工作，比如“早上9点之前就要开始一个个地给疲倦易怒的客户们打电话，向他们推荐各种广告投放方案”。

不久之后，她就厌倦了。

但是后来，我升职了，也涨了工资。为了赚更多的钱，我就跳槽到了另外一家公司去做网络广告销售。这样的事又发生了好几次，因为我总是很快地就厌倦了新的工作。我觉得我的同事中有99%的人都像我一样讨厌自己的工作，因为在我们本应该好好工作的时候，我们都浪费了大量的时间给朋友们发邮件，在聊天网站上聊天，逛社交媒体……我觉得在出卖自己的灵魂，但是我也不知道自己还可以从事什么职业。

最后，我去了一家很小的初创公司，这家公司会在网上发布一些视频，让它们“迅速走红”。而我则需要了解什么是病毒式营销，以及当前所有社交媒体上的最新潮流是什么，所以我现在就只要花时间逛逛社交媒体和博客就能赚钱啦！而且客户们也真的会对我们要说的东西感兴趣，大家会倾听我的想法，我感觉到自己真的在用大脑思考！

在这里工作真的是棒极了——大家都富有热情、充满智慧，我很尊重和敬佩他们。我们发布的视频常常都是自己原创的，主题不一，充满趣味，可以满足各种公司的要求。我也很忙，忙到根本不会觉得无聊。我们没有熬夜加班的惯例，所以我可以在晚上7点之前回家开始写作，我也不会觉得自己整天都在做无聊的工作。事实上，我还会常常从自己必须要看的视频里面找到一些写作灵感。

其实，这份工作在很多方面给我的写作带来了帮助。我是那种需要有很多安排去填满一天的人，如果我有了很多的空闲时间，那我最后就什么也做不成了，所以工作就是我可以发挥自己创意的那个安排。在这份工作中，我感到安稳而快乐，所以这也是我有生以来第一次没有把所有的空闲时间都拿来忧虑自己的职业前途。而且，我也不用担心赚钱的事了，这让我可以真正“自由地”进行创作了。

现在，我已经写完了小说的初稿，正在重新校正中。而我在工作中所思考的很多东西（比如数字新闻报道、想法的病毒式传播）也深深地影响着我所写的故事。其实，这本小说的主要内容就是讲述一个被媒体报道的虚假故事是如何像病毒一样扩散开来，并在无意中引发了全世界的集体歇斯底里的。

如何避免成为一个“饿肚子”的画家（演员、音乐家、诗人、小说家……）

如果你对画画、演戏、音乐、诗歌，或是小说创作充满热情，那你可能早就意识到了光靠它们来养活自己是非常困难的。冰冷残酷的现实会告诉你，艺术创作的市场已经远远供大于求了（“供”指的是愿意去创作的人，“求”指的是愿意花钱买作品的人），而这也使得竞争愈演愈烈。因此，你想成功，就得面对巨大的挑战。可是，不管你做什么，只要这件事真的对你很重要，其实都会是对你的一次挑战！

如果你想继续自己的艺术生涯，但也不想饿死街头，那要怎么做呢？首先，请不要再问自己“我还能继续从事艺术吗”？记住，你就是一位艺术家，不用再怀疑了。你现在应该问自己“我要如何才能继续从事艺术创作”？你到底需要做什么才可以在艺术创作的同时，兼顾自己的生计——即使这两件事在一开始的时候只能各自行动。同时也思考一下之后要怎么发展自己的艺术道路。千万不要觉得自己只有两种选择，要么做全职艺术家，要么彻底放弃！你要好好把握“喜欢”和“金钱”之间的平衡。

如果你真的想以艺术为生，那就要有不惜一切去实现它的决心。你要保证自己的作品有创意，营销方式也有创意；如果你所在的艺术领域中有一些传统观念阻碍着你，那就避开它们；找到值得你尊敬的同行大师们，向他们好好学习。大家都说演戏是很难糊口的，可有一些演员就总是有戏可拍呀（而且他们还不一定是最有表演天赋的）。他们是怎么做到的呢？你又能从他们身上学到什么？

不要以为只要你能创作出好的作品，你就一定会被大家奇迹般地发现。你得明白，要想让自己的艺术事业有所发展，你就不仅要努力地去创造作品，而且还需要付出同样甚至更多的努力进行自我宣传。如果你真的很不擅长推销自己，那不妨去找别人来帮你。你可以选择一辈子都坐在阁楼里画画，但如果你从来没有向别人提过你的作品，那自然就不会有人来欣赏它们。我很惊讶，居然有那么多会创作音乐、会写小说的人不敢向任何人展示自己的作品。可是，没有观众的艺术创作是不完整的。没错，把自己的作品展示出来确实是一件令人害怕的事，因为你可能会得到一些负面评价，但是你不能把它当作逃避的借口！

最坏的情况是什么呢？或许有人会说，你迄今为止做的东西全是白费苦心、一文不值的。可就算他们是对的，你还是可以当一名艺术家！不管你想通过自己的创作表达什么，都是有存在价值的。你可能只是没有找到最适合自己的表达方式而已，或许你不应该去画画，而应该去写作；或许你正在写作，但你其实应该去画画；又或许你还不敢深入挖掘自己想要表达的东西。而你唯一能做的错事就是放弃这一切。

事实总是友好的。

——卡尔·罗杰斯 美国心理学家、研究员

接受“组合式工作”，不要再浪费任何精力去抱怨了，为自己将来的成功负起责任，并向那些成功的艺术家们好好学习。

如何选择下一步做什么

到了现在，你也知道自己的天赋有多么重要了，你要如何去运用它们呢？对于自己接下来要去哪里，你可能已经想到了好几个选择，但是要怎样才能选出正确的那条路呢？或许你想不出任何一条能行得通的路，又或许你已经思考这些有一段时间了。如果你还是像这样一直在原地绕圈，怎么也想不清楚自己的下一步应该做什么，那你很有可能掉入了“弹球思维”的陷阱。

在一些有关职业生涯的研讨会上，我发现很多参会人员都出现了这么一种情况：他们不想继续被困在一份自己不喜欢的工作里，但是也不确定要朝着哪个新的方向前进。他们都渴望着有一天会突然有人来告诉自己应该去做什么。他们相信答案一定就在某处，只是自己目前还想不到而已，要是有人能给他们指点迷津的话，一切就都迎刃而解了。

你觉得这些听起来耳熟吗？其实，一切答案就在你的心中。你只是陷入了“弹球思维”，不断地把很多可行的选项否决了。这时候，你的内心想法就像弹球游戏里面的那颗小弹球，在最终掉进某个洞之前，就一直在快速地来回弹跳。看看下面的这段对话，是不是很像你呢？

我知道了，我想成为一个作家！

哦，不行，我可受不了孤独。

或许我可以去创业！

但是现在去做的话，风险实在太大了。

我还可以去做公关，

可是我就得重新去培训呀，而我又没钱。

哎呀！愁死人了……

一点都不知道自己想做什么。

（游戏结束）

确实，就在这样一个简短的自我对话中，你已经产生了3个不同的想法，但其实这里的每一个想法都能向你传递出某些信息。也就是说，这些信息能让你知道自己会被什么样的工作所吸引，但是它们现在却都被你否定了。

下面，让我们来换一种更好的思考方式：先把你能想到的所有可行的工作选择都写在纸上，不管它们看起来有多不可思议。这个时候，你就可以借助自己在第一章中记在玩家宝典里的内容了，包括你想在“年假”里做的事，你在职业生涯中最喜欢做的事，你很羡慕或是嫉妒的人，如果你一定会成功的话，你想要做的项目以及你发现有趣到完全停不下来的事……而这一切都能告诉你自己要打造出一个什么样的职业生涯。请把你的选择一一罗列出来，可以是你想要发展的事业、工作、自由职业，也可以是企业构想、创意项目等，它们会让你知道自己真正想要体验什么。

如果你最初写下的一些事情在现在看来是完全不可能实现的（比如修复城堡、环球航行、去印度学习 6 个月的瑜伽），那也不要急着把它们画掉，因为它们仍然可以传达出一些你很向往的东西。究竟是什么呢？是自由、冒险、自我发展、团队合作、影响世界？还是自己亲自发明出一些新东西、让某些事情得到改善、解决某个难题，或是实现梦想的那种体验？那什么样的工作才能给予你这些东西呢？请记住，你总能找到某种方式去实现自己想要的那些体验的，尽管它可能跟你最初预想的样子有所不同。

请至少写出 3—5 个工作选项，也包括你目前从事的工作，但只是为了做一下比较。然后，再为每一个选项依次写出下面 4 个问题的答案。

- 这份工作、事业、项目，有什么吸引我的地方？
- 它有什么不够吸引我的地方？
- 如果选择它的话，我在现实生活中会遇到哪些障碍？
- 对于这个选择，我具有哪些优势？天赋、技能、知识、经验，还是人脉？

举个例子，如果你有一个工作选项是"写一本书"，那你应该这么写：

吸引我的地方：有创造力，能把我的想法传播给世界，能产生一定影响力，能让我变得有名。

不够吸引我的地方：报酬不太高，我可能不够自律，写不完整本书。

障碍：我不清楚谁可以帮我出版，我的拼写很糟糕。

优势：我曾经写过几篇文章，大家都挺认可的；我真的很喜欢将自己的想法用文字表达出来；我有朋友认识一位著作权代理人；我已经想到一个很好的主题。

然后，就照着这个格式，至少再写出两个工作选项各自对应的答案。

此刻，一堆不完美的工作选项就这样摆在你的面前，但你要做的不是把它们扔到一旁，而是要开始去解决有问题的部分。想一想自己要怎么才能尽量减少每个选项中“不够吸引我的地方”。在“写一本书”的这个例子中，你就可以去找别人一起合写，或是将自己和别人交谈的内容整理成书。

接着再来看看会遇到的这些“障碍”，你要想办法绕开它们。还是“写一本书”的这个例子，你可以想想身边有没有认识的人，可以帮你联系到在出版业工作的人呢？有没有可能去参加一些可以结识到出版商的活动呢？你能不能用拼写检查的软件去纠正自己的拼写错误呢？

当你把每个工作选项中的不利因素都解决之后，再来重新审视一遍列表。撇开你的实际顾虑，你觉得这些工作选项中哪一个是最让你感到兴奋的？它最让你兴奋的部分是什么？你要怎么做才能在减少它不够吸引人的地方和避开重重障碍的同时，享受到它最让你兴奋的那部分呢？还记得我们在上一章中所学到的吗？你总能找到一个方法获得自己最想要的东西，即使你可能会需要一点横向思维来助自己一臂之力。

现在，请对比一下每个工作选项中“吸引我的地方”一栏的内容，看看它们有什么共同之处。这些共同点说明了目前什么样的工作才对你有吸引力呢？还有没有其他的工作也具备这些特质？如果你还想到了其他更多的工作选项，请把它们写下来。那还有没有什么方法可以把你喜欢的几个工作选项组合成一份新的工作呢？如果有的话，也要把这个新选项写下来。在接下来的几天里（或是几周内），一旦你有了任何的新想法，就马上把它们记下来！不要以为自己可以一下子就全部搞定！

在这些工作选项中，你想最先了解哪一个呢？不过，这可不是让你就此改变自己的职业生涯，而是让你对这份工作再多一些深入了解。请选出你最喜欢的两个（或者三个）工作选项，当然你也可以把它们都了解一番，但是现在，还是先从自己最喜欢的一份工作开始了解吧！

作为“玩家”，其实这些工作选项都不会是你要找的那个最终答案，因为你要在不断尝试、探索和体验之后，才能找到它。当你越来越清楚自己接下来想去哪里时，你就要开始调整自己的方向，一步步地朝着“边玩边赚”的目标前进了。

周日晚上的小测试

还有一件重要的事，就是你得确保自己对这份工作是真的感兴趣，而不是在一味地迎合别人的期望。假设现在是某个周日的晚上，那明天早上你就要正式开始做这份新工作了，此时的你会有什么感觉呢？会觉得兴奋吗？还是有一点害怕？感觉很好？还是内心毫无波澜，全盘接受了？如果你没有觉得很期待，那你就得把这份工作的某些细节再修改一下，直到你已经迫不及待了。

如果以上的方法都不管用，那就抛个硬币吧！如果你还在两个甚至更多的选择之间犹豫不决，就不妨抛一枚硬币，看看自己在知道结果的一刹那，心里是什么感觉——你是有些失望，还是有些兴奋？然后就选择会让自己兴奋的那个！

如果你还是无法抉择，那就干脆从列表里随便选一个吧！因为当你的职业危机感持续一段时间之后，你就很容易陷入轻度或者中度的抑郁状态（即使你还没有发现自己有这种症状），而这种状态是很不利于你开启一段新生活的。所以，你还不如去做一些自己喜欢的事情，它们不仅能让你开心起来，而且还能再次激发你的热情和创造力。我想这也是为什么大家都觉得去做一些很好玩，但是却与工作无关的事情（比如参加合唱团、去夜校上课），会让自己感觉放松，也有了继续前进的动力的原因吧。

在下一章中，你将学到要如何立即开始去了解自己选择的这份工作。

玩家小技巧

秘诀二的要点：

➔ 进入你的“流体验”，放大你的“闪光时刻”，扬长避短，这能让你在更短的时间内获得更大的成功。

➔ 问问别人你有哪些被自己忽略的优点。

➔ 停止“弹球思维”，列出所有可供选择的工作选项。

目前你应该清楚：

➔ 自己的“闪光时刻”是什么，它有什么优点，能给别人带来什么影响。

➔ 自己的“流体验”是什么？

➔ 自己想要进一步了解的工作有哪些？哪一个是你想最先开始去了解的？

10分钟的玩家养成记：

➔ 体验自己的“闪光时刻”！去做一件自己天生擅长，而且又能给别人带来很大价值的事情。必要时，你还可以试一试为别人免费做这件事。

秘诀三

如何立即开始行动

成功没有任何的规则或者公式，你只需要去经历，去行动就好了。而知道了这一点，我们就有了极大的自由去尝试自己想要的东西。相信我，这将会是一场疯狂而精彩的旅行。这是一场反反复复的试验，这是一次机会之旅，它在清楚地告诉我们："一起来试一试吧，看看会发生什么。"

——安妮塔·罗迪克夫人　The Body Shop 创始人

到了现在，你应该大概知道自己要去运用哪些天赋，以及如何利用你列出的工作选项清单了。而在这一章中，我们将会学习如何把这些东西付诸实践，然后开启你的"玩家之旅"。但在此之前，你得学会用一种崭新的、更好玩的视野来看待工作，而不再是去为自己制订什么"五年计划"和一堆长远目标了。如果你能做到这一点，就像山姆·邦帕和哈里·帕尔[①]所说的那样，你会惊讶，甚至欣喜地发现工作将自己带到了一个意想不到的地方。

和食物一起玩

为了能够继续用食物做更多有趣的事，山姆·邦帕和哈里·帕尔在几年前成立了自己的公司——邦帕 & 帕尔。从那以后，他们聘请一些世界顶尖的建筑师帮自己设计模型，并成功地用果冻制作出了很多世界闻名的建筑；他们经营着一家可以"闻气味"的电影院；他们还发明了史上第一例可以直接用鼻子

① Sam Bompas 和 Harry Parr，英国知名企业家，他们的公司邦帕 & 帕尔（Bompas & Parr）以制作创意美食而闻名。——译者

“喝”的金汤力[1]。

哈里在采访中说：

还记得我们最初接到的一个项目，是华威城堡[2]的人打电话来问我们能不能用果冻制作出一个巨大的城堡模型，可是我们发现这件事真的没办法完成。后来，山姆不知怎的就提议说，其实他们应该去还原维多利亚时期的12道英式早餐，而不是做这个庞大的果冻模型。令人惊讶的是，他们居然同意了这个提议，并委托我们来做这件事。所以，我们的任务就从果冻城堡变成了12道样式精美的佳肴。我们已经决定了食物的规格要与维多利亚女皇生前在这个城堡里所享用的一致，于是我们就想：“到底要怎么才能做好这一切呢？”刚好那个时候，我正在学习建筑方面的知识，然后我就想到了，要完成这件事的唯一方法就是“绘制一张设计图”。所以，我们就开始梳理整个餐宴上菜过程中的每一个细节，并给所有的“仆人们”标记了各自的走位流程，以确保每道菜都能在正确的时间端上去。

后来，我们还对打扮成维多利亚时期的“仆人”和“男管家”的朋友们说，只要他们按照这张“设计图”去做，一切就都会顺利的。事实证明，我们真的成功了。

也就是那个时候，我们才意识到自己是可以去做任何事情的，并且还能很快地想出要如何去行动。我们总能在一切发生之前就做成了这件事。

---

① Gin and Tonic，一种常见的鸡尾酒，由杜松子酒和奎宁水调和而成，也称杜松子酒补剂。——译者

② Warwick Castle，位于英国沃里克郡的一座中世纪古堡，由英格兰国王威廉一世于1068年下令修建。——译者

我采访过很多“玩家”，也包括邦帕和帕尔，他们都完全投入在自己“玩转”工作的愉快过程中，但是却不知道自己未来5年的职业发展会是什么样的。这样一种看待职业的新视角，显然和我们大多数人所理解的截然不同。

迷思6：只有明确了前进方向，我才可以开始行动

在这个时代，为自己设立一个长远的目标，然后再按照制订好的计划一步步去实现它的想法，已经变得毫无意义了。因为现在的一切都变化得太快了，而人生永远不会按照你写好的剧本来发展。不仅如此，每当你踏出新的一步，你所在的位置就会发生变化，你也会有不同的世界观，然后做出不同的选择。你无法预测未来会有什么样的机遇出现，你也无法知道到时候自己还能否把握住这些机遇，所以，最好从现在就行动起来！也许你还不确定这个选择是否适合你，又或者你还没有想好一个能赚大钱的全盘计划，但是，如果你真的喜欢去做这件事，那就马上开始下一步的行动吧！

有一次，我的朋友马克看到我正在读一本和职业有关的书，他便说出了这样的话：“为什么要费劲看这个呢？不要担心你的‘职业’，你就直接去选一件感兴趣的事，然后去做就好了。等做好这件事之后，看看自己到哪儿了，就再接着去做下一件。”马克就照着这个方法，成为自己所在领域（对外英语教学）的专家，

而且还带着工作环游世界。目前，他正在越南筹建一所自己的英语学校。

要警惕自己去追求所谓的“职业发展前景”，或者纯粹是为了经济回报而选择某个行业，这并不是一条可以让你通往幸福人生的康庄大道。亿万富翁巴菲特就曾被一名工商管理的学生问到过有关职业规划的问题。当时这位学生说自己应该先去金融行业工作一段时间，然后等攒够了钱，再去做自己真正想做的事。然而，巴菲特却认为这是个很荒谬的想法，他说道：“你这就像把性生活留给老年一样。”此外，做自己不喜欢的事，也是很难赚到大钱的。当你的心都不在这件事情上时，你就不可能做好它。

我的职业生涯中经历过很多次成功的职业转型，其中有两次都是我全凭自己的直觉选的，而事实也证明了我是对的。大学一毕业，我就去了一家成立不久的软件公司，当时员工只有 3 个人。然而，这家公司之后却发展成了业内最有名的公司之一，还开发了一套可以让全世界的电视台实现自动化的系统。后来，我跳槽去了另外一家制作特效软件的小公司，可是就在我刚刚入职的那一周，我们公司居然被业内最有名的公司收购了。于是，我的履历里就添上了这么浓墨重彩的一笔，而且得来全不费工夫。

我只是因为运气好吗？也许不是。虽然我也说不清自己当时的选择标准是什么，但我还是加入了那些有着一帮聪明人做着原创工作的初创公司，而这样的公司往往都会发展为业界的优胜者（或者被业界的优胜者收购）。后来，我又跳槽去了一家排名“前五”的咨询公司，因为这看起来是一份很有“职业发展前景”的工作。我的确也获得了一个很不错的职位，但我却觉得很痛苦。

因此，不要再去为一些遥不可及的目标筹谋盘算，然后一直委屈自己做一些很有“职业发展前景”的工作了。你只有去做自己喜欢的，而且是对自己很重要的事情，才更有可能获得成功，积累更多财富。

“目标”的问题所在

难道我们就不应该树立一些目标吗？如果你曾经见过职业咨询师，或者是看过有关成功学的书，那么十有八九你都会被建议去为自己设立一些目标。可是，要是设立目标这么有用的话，应该早就有很多人已经获得成功，并且过上了幸福的生活吧！其实，没完没了地去树立目标是有一些问题存在的：它只着眼于将来，然后鼓励你要在当下不懈地努力、做出一些牺牲才能够达成这个目标，而当你达成了目标之后，你又只能让自己短暂地高兴一会儿，接着又要马上设立下一个目标。唉！我光是写到这儿就已经感受到了一种凄凉。这种设立目标的行为是一种“体育型体质”，也就是说，你只会去注意自己的“行动”。那你想去做的那些事该怎么办呢？你想要每时每刻体会的那些东西又该怎么办呢？它们都是无法用“设立目标”来代替的。

迷思 7：只要我能过上自己理想中的生活，我就一定会感到幸福

实现自己立下的那些目标并不会让你变得更加幸福。事实上，能让你感到幸福的并不是将来会发生的任何事情，而是你

要如何过好当下，如何活出精彩的今天。即便是发了大财也不能保证你就会感到幸福，有关的研究表明，当人们买彩票中了大奖之后，他们的幸福感会在短时间内快速上升，但是之后又会回落到之前的水平。

并不是你的成功创造了幸福，而是你的幸福带来了成功。如果你现在一直在给自己制造痛苦，那你就不可能创造出幸福的未来；如果你现在找不到某种方式去做自己想做的事，那你很有可能永远都无法做到了。我想你一定见过这样的人，他们总是在拼命地努力再努力，并期望着自己的将来能够轻松一些。当然结果就是，他们一直都没能实现。

很多人都把当下的日子作为自己要去克服的障碍，然而“当下”就是“生活”本身，所以这是一种极其愚蠢的生活方式。

——埃克哈特·托利 《当下的力量》作者

而更为明智的一种选择则是去创造美好的“现在”，再让它成为美好的“将来”。你要将自己的注意力从那些遥不可及的目标中拉回来，从现在开始去过自己想要的理想生活——哪怕只能先从一些小事做起。让你的行动来开启自己的终身事业！所以，赶快去选一件能够满足自己的事情，马上开始行动吧！

当你一心专注于当下如何进入“流体验”时——做着自己喜欢，而且天生就擅长的事——你就会惊奇地发现自己真的进步神速！

“思考”的问题所在

我们都高估了思考的作用，而且我们中的大多数人也都思考过度了。那些成功人士们显然不会思考那么多，也不会使自己陷入无止无休的思虑中。也许这正如有关研究所说，过度思考只会让自己变得痛苦、失去动力。

过度的思考（比如沉思）会导致一系列的不良后果：持续或者加重悲伤情绪、助长消极想法、损害自己解决问题的能力、缺乏积极性、注意力不集中和主动性降低。

——索妮娅·柳博米尔斯基《幸福有方法》作者

如果你真的感觉自己的生活停滞不前，那很有可能是你想得太多了。有很多来参加职业工作坊的人也掉入了这种“思考陷阱”中，我本人也非常清楚，因为我就在这上面浪费了很多年时间。它是一种错误的信念，坚信自己只要能坐下来，花上足够的时间思考一番，智慧之光就会从我们的头顶照射下来，接着我们就会找到之前想不出的答案。然而不幸的是，这种情况很少发生。那我们为什么还要相信呢？如果你已经花了5分钟去思考一个问题，但还是没有找到答案的话，那么再继续一个人坐着思考下去，没有任何其他信息输入，你是不太可能想出什么新想法的。

我想这应该是我们在学校里学到的解决方法——遇到问题要思考，如果一开始没想出来，那就再好好想想。这种方法也许对解答数学题是有用的，但是对我们的人生抉择起不了什么作用。其问题就在于，我们只是在自己所知和所信的范围里进行思考，但是职业问题恰恰是属于极少数没有范围的问题，所以也就常常反映出我们自身知识和想法的种种局限性。

那解决方法是什么呢？停止思考，开始行动！下面我就来教你怎么做。

选择一个“玩家项目”

现在是时候停止为自己的人生寻找一个完美的答案了！你要从今天开始就去做自己真正想做的事情。回看你在上一章中列出的工作选项清单，找到那个最让你兴奋的选项，从现在就开始去了解它！

想一想有什么小的项目是自己可以马上去做的呢？最好是那种可以让你顺利进入这个行业，或者至少可以实际体验一下的。找到了的话，它就是你的第一个“玩家项目”了！它也应该是你在几周或几个月的时间里能完成的一件事情。相信你在秘诀一中的“玩转星期三”计划里已经有所体会了，而现在的重点是，你得找到一件能给自己带来实际成果的事情去做，而且还得加上一个明确的期限。如果你想做的这件事是自己从未尝试过的，你也不知道自己会不会一直喜欢下去，那就不如去选一些简单的小事做，这样你就可以在自己失去兴趣之前把它完成好。如果这件事对于目前的你来说太过困难了，就把它拆分成几个部分，再一步步地去做。

“每一个幸福的人身上，都会有一件要去完成的事”

幸福学研究专家索妮娅·柳博米尔斯基教授在她的著作《幸福有方法》中说道：“为了某件重要的事去努力奋斗的人，不管是去学习一项新手艺，还是培养出有道德素养的孩子，都会比那些没有什么梦想或是抱负的人们要快乐得多。每一个幸福的人身上，都会有一件要去完成的事。”

而项目的具体内容，则取决于你目前对工作的把握情况。如果你还在几个工作选项之间犹豫不决，那就应该去探索和体验这个项目；如果你已经明确自己的方向了，那这个项目你就应该马上实践起来！

菲利普的第一个“玩家项目”是他第一次成功售卖了自己的某项发明；朱丽叶的第一个“玩家项目”则是写了一份书籍出版策划书；对于从事自由职业的市场营销顾问凯伦来说，她就选择把自己所写的和所想的都上传到博客；罗士尼则尝试去画了一些漫画。

如何选择自己的项目

不要过于纠结自己应该去做什么项目了！它不一定需要与你未来的人生发展方向一致，它的存在就只是为了让你体验一下你在上一章中选择的那份工作而已。关键在于，你得为此行动起来！而且你在做这个项目的过程中，还可以随时调整自己的方向。如果现在正有一件事吸引着你，而你也觉得自己很喜欢做这件事的话，那就去做吧！要是它还会让你见识到一些有趣的东西，或是学到一些对之后的项目有所帮助的东西，那就再好不过了。无论你选择什么项目，你都有可能学到一些“可重复利用”的技能——如何向别人寻求帮助，如何与他人合作，如何在自己感到停滞不前时继续前进，如何保持自己的积极性和创造力，如何进行时间管理……即使你的下一个项目与你现在做的毫不相同，这些技能也都是可以派上用场的；同时，你也能体验一下如何靠自己的能力得到自己想要的东西。如果你一直都想找一份更好的工作，但又总感觉无能为力的话，那这个项目本身就会是一个很棒的开始！

确保你选择的项目是你可能喜欢做的事，而不是仅仅为了它所带来的结果。最重要的一点是，如果它既没有带来你所期盼的结果，也没有让你变得富有，你还会为自己的选择感到开心吗？

你得去找一个能让自己置身于“流体验”的项目，也许是和你自己的“闪光时刻”有关的事。不过请记住，选择一些好的项目对你来说会是一个阶段性的进步，但它们也有可能会让你觉得有些害怕、难以胜任。为了更好地迎接全新的挑战，接下来我们还要看看如何去解决自己的焦虑问题。

你要选择的项目将取决于你目前在“工作者”到“玩家”的转变过程中所处的位置。下面列出了三种常见的情况，以及它们各自对应的选择。

如果你正处于职业“瘫痪”

如果你还是对自己的职业毫无头绪，那只要任意选一个能令你兴奋的项目都可以让你重拾动力，再次出发。不要太担心它能不能成为你的一条谋生之路，关于赚钱和职业发展的事都可以留到你之后的项目里去考虑（秘诀五就会帮助你解决这个问题）。而现在，你的首要任务就是先要“玩”起来，尽情去做自己真正喜欢的事情。

我常常看到很多人明明有自己想做的事情，却一直在考虑这件事有没有实现的可能性。如果你真的想当作家，就马上拿起笔和纸开始写起来吧！祝贺你，你现在已经是一名作家了！如果你已经开始写了一段时间，那你的项目就可以是去参加一次写作大赛，或是在网上发表一篇文章。就算最后写作并没有成为你的职业，你至少亲身体验过了，而且也了解了写作是怎么一回事。没准，你还能通过这件事想出接下来要去尝试的其他事情呢！

如果你是自由职业者

如果你已经是一名自由职业者了，那你大可以利用这个项目去开拓一些更加契合自己愿望的新业务，可以让自己进入“流体验”，真正地“玩”起来的那种！回想一下，在你曾经做过的工作中哪些是你最喜欢的，那现在你要怎么做才能赢得更多机会去做这一类的工作呢？真不敢相信，居然很少有人是这么做的！你还可以利用这个“玩家”项目去为自己的目标市场开辟一条新的沟通渠道，比如撰写博客、使用社交媒体、举办一场活动等；或者，你还可以把这个项目作为自己赚取“被动收入”的初次体验，让自己不用亲力亲为也能赚到钱（之后我们会继续讨论这一部分）。

如果你打算进入一个全新领域

如果你正在打算进入一个全新的工作领域，那你正好可以借这个项目的机会，让自己全身心地投入进去，开始一场新的探索。具体方法如下：

1. 了解这个新的领域：阅读有关的书籍和杂志，以及这个领域中一些领军人物的自传，看一些有关的视频，参观一些相关的展览。

2. 参与其中：多去参加一些社交聚会、论坛和研讨会，以建立自己的人际关系网；多和别人交谈，了解这个领域中的热点问题。

3. 抓住一切机会去尝试自己感兴趣的工作，即使一开始没有任何报酬。

一旦你明确了自己想进入的领域，哪怕你只想找一份工作而不是自己创业，你也可以通过某个“玩家”项目让潜在的雇主发现你的存在：去采访该领域中的领军人物，并将你的发现写成一篇文章；或者去帮忙举办一场展览、会议。

比谷歌还要快

迷思8：我应该先在网上好好地研究一下这份工作

在你看来，了解一个全新的工作领域的最佳方法或许就是到网上去彻彻底底地搜索一番。的确，一定程度的信息获取是很重要的，但同时也要小心，别让自己整日坐在电脑旁，掉进没有尽头的搜索深渊里。它不但会耗费你很多的时间，而且也无法准确地告诉你这份工作在实际中到底会是什么样的。所以，关于职业的选择是不能靠你的理性思考来决定的，它需要你自己去进行亲身体验，而一味地调查研究只会让你越走越远而已。

尤其要注意的是，别让这种所谓的“研究”全盘否定你很感兴趣的那些工作。如果你有心证明某些事是不可能做到的，那你就总能找到证据。

当你已经在网上了解到这个领域的基本知识后，接下来要做的事情可比谷歌搜索有效率多了！首先，你要想出一个自己很想了解的关键问题——能让你快速进步的东西；然后，再找到一个能帮你解答这个问题的人：一个真正从事着你很感兴趣的工作的人。试着去找一位事业有成，而且也很喜欢这份工作的人吧！哪怕你只能和他聊上10分钟，你也会收获良多，况且大多数人都会很乐意抽出10分钟来聊聊自己的工作。

具体做法如下：

➔ 找出你现在最想了解的一个问题。而且一定要具体，这样才更容易找到答案，不要问出像“羊驼养殖是一种什么体验”，或是“我想进行羊驼养殖，能告诉我每天需要做什么”之类的问题。千万别问一些在网上就可以查到的基本内容，你要关注的是那些与实际经验有关的问题。

➔ 你觉得谁能够帮你回答这个问题呢？如果你想不出合适的人选，那你知道谁可能会认识这样的人吗？要知道我们每个人平均认识的人可多达200个，如果我们能让朋友们都去帮忙问问他们的朋友和同事，那我们立马就可以认识4万人了。

要充分利用你在调查中所收获的信息，当你已经解决好了这个问题，请接着想出你的下一个问题。

急聘：爆炸安全专家

邦帕&帕尔公司的山姆·邦帕告诉我，在他们刚刚完成的一个项目中：

我们发明了一种可以“呼吸”的鸡尾酒。我们将金汤力酒雾化，制成了一朵朵带有鸡尾酒味道的蒸汽云，充满整间屋子。你在里面待上40分钟，那你身体里的酒精浓度就已经相当于喝了一杯金汤力了。

可是，这个项目存在着极大的安全隐患：

如果你将酒精蒸发，那产生出来的“酒雾”是非常易燃的。所以，我们联系了一位爆炸安全方面的专家，请他协助我们完成这个项目。当时我们没有额外的经费请他当顾问，但他却认为这个想法很有趣，于是就无偿地回答了我们的问题：“酒精的雾化浓度要控制在多少才不会引起爆炸？”

只要你肯花时间，你就会找到那个对的人。你也总是能够找到比你懂得更多的人，只是你要好好地去寻找一番而已。

从大处着眼，从小处着手

你是否曾经对自己的事业或是某个创意项目有过宏伟的愿景呢？而实现这个愿景的关键就在于，你要把它分解成一小块一小块容易做到的事。下面将会有一大堆的例子向你袭来：

如果你想写一本书，你就可以在博客上写一些自己的想法，然后再把它们整理成一本书。我一开始也是在博客上记录自己对“边玩边赚”的所思所想，而后来，那些内容就变成你正在读的这本书了。如果你想写一本小说，就可以从短篇小说开始写起，或者是先把这本小说的故事梗概写出来，请一位前辈作家帮你评鉴一下。

想出一张专辑？那你的“玩家项目”就是要创作出一首歌曲，而且还得是朋友听了感觉还不错的。然后，再接着创作出两三首歌，你就可以发一张单曲唱片了！再多写 7 首歌，你不就有一张专辑了嘛！然后你就可以把这张专辑卖给各大音乐网站了。

如果你想自己创业，那你可以先试着在网上考察一下自己的这个想法（或是品牌）是否可行。通过各种社交媒体，你不仅可以表达自己的想法，获得大家的反馈，吸引合作伙伴，与此同时，你还会赢得一群支持者，而他们都可能成为潜在的消费者（或客户）。或者，你还可以先拟出一个简要计划，然后再找一位顾客检验一下，接着你就能赚到自己的第一桶“玩”金了（之后我们再继续讨论这一部分）。

如果你想从事商品贸易，或者国际工艺品贸易，就可以先开一家网店，等积攒了足够的经验之后，再去建立自己的网络购物平台。要是你还会制作手工艺品的话，就可以在手工艺品网站上售卖了。

如果你已经有了自己的事业，但又想把它变得更加好玩一些的话，那就可以选择一个更有趣的，也能带来收益的新项目。要去找到你既可以做着自己喜欢的事情，同时又能满足顾客们需求的那个“甜蜜点”！当你发现自己的收益在快速增长时，你就会知道这个项目已经走上正轨了。

想当画家的话，请先把你的家变成画廊吧！来自伦敦的朱利安·博尔特是一位杰出的摄影师，但是却没有什么名气。在他的创作团队和妻子索尼娅的一再鼓励下，朱利安决定举办自己的第一场摄影展。因为他没办法在画廊里举办展览，所以就只好在自己住的地下室公寓办展，即使这个地方很狭窄，还位于伦敦一个偏僻的角落。他和妻子连续很多个晚上彻夜不眠，一直打扫公寓，打印照片，再把它们挂到墙上。前来看展览的人络绎不绝，朱利安得到了很多积极的评价，并出售了将近3000英镑的摄影作品。刚好有一家画廊的老板也来看展览，她便同意让朱利安在自己的画廊里布展，而那不但是一个漂亮的艺术画廊，而且还位于伦敦画廊区的中心地带。在那之后，朱利安的摄影展就进入巴黎的画廊了。

想要定期举办某个活动？目前我就负责在伦敦举行每月一次的“扫描人之夜”，而这个活动是为那些富有创造力，而且想做各种各样项目的人们举办的。我常常会收到大家的请求，问我能否在英国或者国外的其他地方也帮他们策划一个这样的活动。尽管我们正考虑在全英国范围内推行“扫描人之夜”活动，但在我们做到之前，我也可以给大家提供一些建议，让你们能顺利举办自己的活动。而我一开始也是这么做的：先弄清楚你想要邀请的人会在什么地方出现，然后就在这些地方的告示栏里贴上活动的通知，发布活动的相关信息；见面的场所可以是酒吧、咖啡厅，或者某个有趣的展厅，你可能还需要定好一个主题以便于大家讨论，或者你自己准备一个简短的发言；如果你担心自己有可能会孤零零地坐一晚上，那就不妨叫上几个朋友，这样一来，最坏的情况也不过是你和朋友们一起聊着天，度过了一个愉快的夜晚而已。等到这个活动可以定期开展之后，你就可以开始向大家收取入场费了。

想要改变世界？或许你能从穆罕默德·尤努斯身上获得一些启示。穆罕默德·尤努斯是孟加拉乡村银行的创始人，而这个乡村银行也是世界上率先向穷人们开放“微额贷款”服务的银行。1976年，尤努斯教授从自己的口袋里掏出27美元借给了孟加拉乡村里的42名妇女。这些妇女都是造家具的，为了得到用作原材料的竹子，她们都被逼着把自己所赚的利润付给了放高利贷的。对于尤努斯来说，这27美元虽然只是一笔小数目，但却让这些妇女得以偿还债务，并脱离了贫困潦倒的生活。迄今为止，孟加拉乡村银行的借款人已经超过了700万人，总贷出款项超过了60

亿美元，而贷款回收率却高达98%。尤努斯和他的孟加拉乡村银行也因此获得了2006年的诺贝尔和平奖。

为了实现你许下的宏伟愿景，在短短几周的时间里你能做一个什么项目呢？希望你可以从上面的这些例子中获得一些灵感，先写出你的远大目标，再勾勒出一个能让你迈出第一步的小项目。

然而，我的一些想要创业的客户却很讨厌这种循序渐进的方法。他们认为，从第一天开始就应该推出最为惊艳的网站和品牌，引起大的轰动才好。

如果你已经有了一些成功的项目，又或者你有一定的资金去做正式的市场调查，那这种做法是没什么问题的，可是对于我们这些刚刚起步的人来说，这就是个糟糕的主意了。为什么？因为当你眼下开始自己的事业，或某个创意项目的时候，你自认为能知道它将来会是什么样的，但事实上你根本就没办法知道。在它们暴露的那个瞬间，改变也就随之发生了。每当你把自己的想法公之于众的时候，它就会随着你和潜在市场以及听众们之间的互动而发生改变、不断进化。如果你想成功地创造某些东西，这就是必经之路。

即使你刚好想到了一个很棒的主意，你也可能无法判断它真正的价值在哪里。比如，你在早期设计的某个品牌可能会更加注重产品的外形设计，但是后来你却发现，原来大家购买的原因是因为它比同类产品的价格更加便宜。而不仅是你，有时候很多大型企业也会做出错误的判断：在移动网络刚刚开通短信服务的时候，他们估计短信服务只能作为BP机的替代品而已，可是现在，短信功能的使用量甚至超过了通话功能，创造了超过500亿美元的年收入。

因此，要勇于实践自己的想法，并在行动过程中不断地进行调整。

开启你的“玩家项目”

从某件事开始做起；你没法用打算去做的事为自己赢得声誉。

——利兹·史密斯　专栏作家

尽快开始你的“玩家项目”。为什么不从现在开始？即便你现在只有 10 分钟的时间，但让自己感觉已经有了一个新的开始也会大大地提高你的积极性；如果你现在实在没有时间，那就拿出你的日程本，在上面计划好自己在接下来的几天内会抽出时间开始行动（在下一章中我们会接着讨论如何进行时间管理）。等你准备好了，问问自己在有空的时候可以做些什么事才能对这个项目有最多的帮助，然后就开始去做。

继续“玩转星期三”，挤出一天的时间来做自己的“玩家项目”，并开始让自己的工作周向理想中的“年假”一点点地靠近。而像这样选出某个固定的日子或者专门的时间段去做自己的“玩家项目”，也更有可能会让你形成一个习惯。

要全心全意地做你的项目，不要浅尝辄止！你是否总有这样的坏习惯：喜欢鼓捣一大堆东西，但却在它们有成果之前、在他人能从中受益之前就已经早早放弃了？没有观众的艺术都是不完整的。想想看曾经有多少优秀的文学作品只能在抽屉里暗自枯萎？有多少好听的歌曲只能留在歌手的脑海里？又有多少新奇的商业构想因为害怕被人窃取而从未被分享过？不要成为亨利·大卫·梭罗所说的那样，“只能带着心中尚存的歌走向坟墓”。

要一直坚持下去，直到你的项目完成。做出一些具体的成果，并和大家一起分享。这里所说的分享可以很简单，比如把你创作出的一首歌放给朋友听，把你写的一个短篇发布到网上，和某位专家聊聊你最初的商业想法，或者把你对理想工作的憧憬通过邮件发给自己认识的每个人……

当你还不习惯去完成某件事情的时候，你可能就意识不到原来这么做是能够学到很多东西的。事实上，为了完成某个项目所付出的那最后 10% 的努力，才真正是工作量的 50%。当你意识到自己将要分享这个项目的成果时，你就不得不把那些粗糙的边缘磨圆，确保它能以一种让人欣赏的形式呈现在别人面前。而且，在分享的过程中，你也可以学到很多东西——你必须得鼓起勇气将自己的成果展现给大家，并敢于听取他们的反馈。

想一想你会如何向大家分享自己的项目成果，并为此定下一个日期。在你的日程本上标记出这个“发布日”，再把它放在你每天都能看到的地方，这样你就不会忘记了，然后再为这一天的到来提前做好准备。现在就通知那些你想要一起分享的人们，告诉他们你已经定好了一个“发布日”，这样一来，你就能让自己时刻保持专注了。当然，如果你实在没办法在期限之内完成，也是可以重新协调一下时间的。

现在，请计划一下你要如何在“发布日”的当天庆祝自己完成了这个项目。如果这一次你没有对自己的付出进行褒奖，那当你去进行下一个项目的时候，你的积极性就会大大降低。所以，你打算奖励自己什么呢？放一天假？办一场庆功宴？享受一次按摩？还是给自己买一件心仪已久的小礼物？想到了答案的话，就把它写在“发布日”的旁边吧！

对于某些项目，你是无法预计自己能够什么时候完成的，就比如找到自己的第一份自由职业。但是，你还是可以提前想好一个庆祝仪式的，而且大概估算一下完成这个项目所需要的时间也是有一定好处的。

“玩起来”的好处

当你终于不再一个人闲坐着胡思乱想，而是立即投身行动时，神奇的事情就发生了。首先，你会得到很多反馈——内部反馈和外部反馈。外部反馈指的是你知道了自己擅长什么和不擅长什么，而内部反馈则是指你自己的感受，你知道了自己喜欢什么和不喜欢什么。请把这些反馈都记录在“玩家宝典”里。

其次，一旦你开始行动，你的视野就会变得完全不同了，正如登上了火车的人和站在月台上的人所看到的风景是完全不一样的。而坐上火车的人，在旅途当中会遇到各种各样的机会，可坐在家里进行谷歌搜索的你却无法看到这些机会。在行动的过程中，还会遇见一些可以帮助你的人，他们会给你推荐一些有关的书籍和网站，反过来，你也可以帮助别人完成他们的项目。而且，说不定在你真正尝试之前，就已经赚到一些钱，或是找到一份工作了！

当你找到了一个很想要去完成的项目时，你就有了目标、方向和使命感，而肩负着使命感的人也是很有吸引力的。你可能也像我一样会常常遇见这样的两类人，前者会说：“嗯，我很想去做这件事，但我也有可能会去做那件事。”而后者则会说：“我要在一个月内完成这件事。”面对这两类人，你的态度也会截然不同，显然你更有可能给后者提供一些有用的人脉资源或者建议。所以，你的项目的目标越明确，你也越投入的话，你越会得到人们的帮助。

当你发现自己很享受在咖啡店里坐着写东西的时候，当你发现自己真的很喜欢帮助别人的时候，当你发现自己发明了一串神奇的代码，而且人们都在网上使用它的时候，请记得停下来花点时间好好感受这一刻！因为一旦你“玩起来”了，你就已经到达了终点，你就已经实现了自己一部分的理想生活。是的，它也许只能让你赚很少的钱，甚至赚不了钱；是的，它也许不是一次完美的经历；是的，它也许会让你感到压力重重。但在这一刻，请你丢掉所有的“也许”，好好地体会一下你已经拥有的东西吧！或许还要再过一段时间，你才能“玩”出财富和你想要的地位，但只要你在这个过程中玩得开心，你至少是享受了这段旅程。

“玩”的那一瞬间

当我第一次逃离“工作世界”，选择做一名自由职业者的时候，我接触到了一家很酷的音乐软件公司。他们聘请我来写一份布展策划书，而展览将会在久负盛名的伦敦科学博物馆里举行。我骑着自行车穿过市区，终于来到了他们的办公室——坐落在泰晤士河南岸的一个改建仓库。公司的创始人在门口热情地和我打了招呼，然后领着我走进了一个摆满精密电子仪器的工作间。

坐下来喝了杯咖啡，我们就开始讨论起要用什么方法来表现数字化声音，才能让来博物馆参观的孩子们都能够明白了。后来，我们说到了有关波形和物理学的知识，并想出了一些新奇的方法。当讨论结束之后，我就骑车沿着泰晤士河的南岸回去，而这个时候，太阳刚好落到了圣保罗大教堂的顶上，突然间我发现，这是一个非常重要的瞬间，这就是我一直想要的生活呀！我没有在工作，而是在“玩”！

现在请想象一下：如果我们每个人都不再等待，不再盼望自己的梦想有一天能够成真，而是行动起来去做某个项目，让自己一点一点地朝自己的理想生活靠近的话，这个世界难道不会变得更加美好吗？

在下一章中，你将知道如何面对“边玩边赚”旅程中的起起伏伏，并确保自己最后能够到达终点。

玩家小技巧

秘诀三的要点：

➔ 不要担心你的职业规划和长期目标，要在实践中找到自己的职业方向。

➔ 为你最喜欢的那个工作选项选择一个项目，马上开始行动。

➔ 无论你怀揣着多么宏伟的愿景，请找到方法将它分解成你可以马上开始去做的事情。

➔ 为你的项目定下一个“发布日”，决定好要如何向他人分享自己的项目成果，并计划好自己的庆祝仪式。

目前你应该清楚：

➔ 自己的“玩家项目”是什么，以及项目成果的“发布日”是什么时候。

10分钟的玩家养成记：

➔ 从现在就开始行动。把这本书放下，花10分钟的时间去开展你的“玩家项目”。不管你的项目是什么，你都会惊讶地发现自己居然能在精力集中，不受干扰的10分钟内完成如此多的事情。随便拿起附近的一张纸，在上面写出自己大概的想法，或者立马开始写作，或者去注册一个博客，又或者是打电话给可以帮助自己的人。

秘诀四

如何确保自己一定会成功

人生就是一个不断在安全（源于恐惧和自我防卫需求）和危险（为了进步和成长）之间做出选择的过程。请每天都做十几次能让自己成长的选择。

——亚伯拉罕·马斯洛　美国心理学家

我想你应该明白了要如何开启一个项目，让自己朝着“边玩边赚”的目标更进一步，也希望你已经花了一些时间真正地行动起来了。现在，让我们再来明确地回顾一点：你总能找到方法去完成自己想要的工作体验。如果你的处理方式足够灵活，并且你也愿意在不知道自己前进方向的情况下就开始行动，那么只要你不放弃，你就一定能实现它。

给法警泡了一杯茶

26 年前，莱斯利·斯科特借用弟弟的玩具木块发明出了一种游戏。她用木块砌成了一座塔，然后向朋友们发出挑战，要求他们在不让塔倒塌的情况下将这些木块抽出来。人们很喜欢玩这个小游戏，所以当她辞掉市场营销的工作时，就决定要将这些木块进行生产后卖出去，而这款游戏被她命名为“叠叠高”。

在创业初期，她欠下了巨额债务。她说，有一天“这个家伙就出现了，敲了敲我家的门，说我没有付清车子的尾款，所以他是来把车开走的”。当时她的反应是：“天哪，我真的很喜欢那辆车，可是没有了它我也照样可以生活。”她邀请他到家里坐一下，并说道：“在你把车开走之前，进来喝杯茶吧。”他真是惊讶极了。

后来，莱斯利解除了债务危机，也逃过了法警的财产查封。几年后，她还与跨国玩具制造商孩之宝 (Hasbro) 签订了一份合作协议。迄今为止，“叠叠高”的销售量已经累积达到 5000 万套，成为世界上第二畅销的玩具，仅次于大富翁。

莱斯利对我说：“人们总是会问我：‘叠叠高能发展成现在这么大的企业，你感到惊讶吗？’我知道他们都希望我回答‘是的’，但事实上，我从一开始就知道它一定会大受欢迎。我想要说的是，这就是对创业者最好的诠释——你已经做好了承担巨大风险的准备，因为你坚信自己一定能赢得胜利。”

欢迎乘坐“过山车”

系好你的安全带，现在要开始坐过山车了！一旦你踏上了这段旅程，你就会发现它并非一帆风顺。当你终于有勇气承认自己真正想要的是什么，并且去追求的时候，你就会放弃大多数人一辈子不上不下、闷闷不乐的那种活法。你将热烈地迎接“生活”，而不仅仅是“生存”下来。当你成功做到了一些自己认为绝对不可能的事情时，你会感到超级兴奋，而当你遭遇了重大挫折时——某个大人物否决了你的想法，或是批评了你，你也会感到非常失落。

如果你已经习惯了“别抱太大希望”这句格言，那我就建议你去对着干：一定要满怀希望，敢于做梦，相信自己一定能够得到你想要的。是的，当你遭遇重大的挫折时，你会感觉受伤，但这是很正常的。花点时间给自己舔舔伤口，让朋友安慰一下，你就又可以继续前行了。还记得吗，你总有办法完成自己真正想要的工作体验。其实，挫折就是你的朋友，大多数人在遇到第一个挫折时就已经放弃了，这也意味着你的竞争对手变少了，而你唯一会做错的事就是主动放弃。

在大多数情况下，抱着积极的想法会比做着最坏的打算能带来更好的结果。而世界上大多数成功的企业家都是乐观主义者，这也并非巧合，这也说明了，感谢自己在生活中已经做到的事情会比纠结于那些没有做到的事情更有益处。最近，这个想法也在很多相信“吸引定律”的人们那里获得了热捧，但是这真的和物理定律有关吗？或者只是我们一厢情愿的想法吧？

“吸引定律”经《自然法则：吸引定律》（*The Secret*）一书和它的同名纪录片获得了知名度，它指的是：你在心里想得越多的事情，往往就会出现在你的真实生活里。如果你在想一些好事——金钱、财产、良好的人际关系，那你就会吸引这些好事发生；如果你在想一些坏事——债务、疾病、冲突，那你就会吸引这些坏事发生。这是真的吗？难道真的有什么神秘的力量，或是某条普遍存在的物理定律能够让你想什么就有什么吗？

事实上，在某些情况下，“吸引定律”确实能够发挥作用，但你也不需要借用任何神秘的力量去理解它。我们的想法之所以能够成为自我应验的预言，是存在着几个原因的。正如你可能知道的那样，其中的一个原因就是我们与外界沟通的大部分信息实际上是通过非语言交流（如肢体语言和语气），而不是通过口头语言来进行传达的。比如，当你以一种良好的状态参加社交聚会时，你的微笑会显得真诚，你的肢体语言也会显得自然大方，那么你就会更容易结识到新的朋友；反之，如果你表现出一副愁眉苦脸、消极厌世、希望别人忽略你的样子，那么你就不太可能认识新的朋友。同理，如果你把时间都浪费在了抱怨上，那你就会吸引到那些喜欢抱怨，会让别人倒胃口的人（不过，这并不是要让你成为那种假装自己从未有过失望或沮丧的人）。

而积极的心态之所以能产生强大影响力的另一个原因就是，你的大脑会根据你的关注点不断地过滤掉进入各个感官的大量信息。如果你正在寻找能够上电视节目的方法，那当你无意中听到有人谈论在电视台工作的事情，你的耳朵就会竖起来；当你在报纸上瞄到一篇介绍某位著名电视主持人的职业生涯以及他是如何开始这份工作的文章时，你的眼睛就会被它牢牢地吸引住。然而，如果你告诉自己，进入电视行业是非常困难的事，那你就更有可能会注意到那些讲述电视行业有多么残酷的文章了。无论你对这个世界抱有什么样的想法，你都总能在生活中找到支持自己的证据。

所以，不管你相信是量子物理、宇宙，还是上帝在助你一臂之力，毫无疑问的一点是，弄清楚自己想要的是什么，并且专注地做这件事，会比你专注于做自己不想做的事情更能带来好的结果。那么现在的问题就是：你要如何培养出这种乐观的心态呢？

了解你的天敌

如果你还没搞清楚这次游戏的核心规则就是要丢掉阻碍你前进的那些疑虑、想法和习惯，你就没办法在“过山车”挑战中成功地从“工作者”蜕变成“玩家”。而要想做到这一点，你就需要先解决自己的天敌。

如果你想不出自己想要过什么样的生活，如果别人的批评深深地伤害到了你，如果你在自己的未来里看不到任何希望，如果你的创造力被禁锢住了，如果你是一个完美主义者（或者极度拖延者），如果你遇到一点小事，情绪就会马上跌落谷底……它们的背后都有一个罪魁祸首。

它，就是你在“玩家”征途中的头号障碍，也是你的创造力、幸福，甚至财富的天敌。这个敌人就住在你的身体里，它是一种次人格（sub-personality），在格式塔心理学[①]中也被称为“胜利

---

① Gestalt psychology，是西方现代心理学的主要学派之一，强调人的直接经验和行为二者的整体性，又称为完形心理学。——译者

者”（top dog）[①]。

在你身体里的这位“胜利者”，总是会说一些极为糟糕的话：

“你是没办法靠写作养活自己的。”

“所以你是想成为一个只能饿肚子的艺术家？”

“你总是赚不到钱。”

“你居然在经济衰退的时候换工作，真是疯了吧！”

“如果你辞掉工作，你就会失去你的房子，然后沦落为一个在大街上睡纸箱的流浪汉。”

即使这些话没有用文字表达出来，你也可能在脑海中看到类似的画面，又或者在你的身体里感受到了相同的信息。当你选择相信并服从于这些话时，你的趣味性、创造力、幸福，甚至生活，都会处处受到限制。然而，我们所发明的每一样富有创造力的东西却都是为了能够打败你心中的那位“胜利者”。

有人把“胜利者”看作我们内心的一位批评家，但我却觉得把它看作是一个独立的次人格或许会更有帮助一些，因为“批评家”这个词本身就含有能提出一些建设性意见的意味，而这位“胜利者”所说的话显然是毫无建设性的。

在你还是孩子的时候，你的父母和其他的权威人士就会反复给你灌输一些信息，这时你心中的“胜利者”也就成长了。而教会了你“不要乱跑到马路中间”“远离火堆”等重要事情的那些

① 格式塔心理治疗法的创始人弗雷德里克·皮尔斯（Friedrich Perls）认为，个体的人格可以分为两部分：胜利者（top dog）和失败者（under dog）。前者是完美的化身，可以对个人进行操纵，而后者则代表个体内心的愿望，两者都在不断地争取控制权。——译者

人，也教会了你一些没用的想法，比如“所有的艺术家都是穷困潦倒的”“你必须牺牲自己的幸福才能换来成功”“没有人会喜欢自己的工作”等。到了今天，这些想法早就在你的脑海里根深蒂固了，然后就成为“胜利者”的语言。

你的生活质量取决于你内心对话的质量。

——皮特·科恩　高层主管、教练、培训师、电视节目主持人

“胜利者”的由来

婴儿们想要什么就会自然地表达出来。感觉饿了，就会放声哭喊，他们在创造力方面不会受到阻碍。当然，对于成年人来说，这并不是一种很好的处世方式，所以我们会使用一套社会更容易接受的标准来教育孩子。但是，有时候父母们明明是想引导孩子们进行正确的行为，却演变成一系列的批评、惭愧和羞辱：对哭喊的男孩厉声斥责、对生气的女孩哈哈大笑、在孩子“炫耀”时皱一下眉头表示不满，而正是这一件件的小事导致了“胜利者”的出现。

事实上，那些消极的想法都是由我们自身的恐惧和焦虑所引起的，而这种恐惧和焦虑的感觉往往都是在我们童年的时候感受到的。所以,你的“胜利者”是由你自己的“害怕”所驱动的——害怕失败，害怕出洋相，害怕受伤，害怕被羞辱。

同样，这里面也没什么逻辑可言。“胜利者”常常会传达一些矛盾的信息——“你应该做你自己”“不要让自己成为不受欢迎的人”。毕竟，它还只是你身上年幼的那一部分。你是否曾经见过两

个小孩一起走在街上，做姐姐（或是哥哥）的那个大孩子就会学着父母的语气告诫妹妹（或是弟弟）："唉，我真不知道该拿你怎么办！"而这就是他们心里的"胜利者"在做的事情——模仿父母所说的话。

可奇怪的是，"胜利者"实际上又是为了保护你才这么做的——正如对自己的体重感到难为情的人，就会赶在别人取笑他之前先自我嘲讽一番，可是这种想法却又会让自己感觉更糟糕。

"胜利者"所传达的信息早已经深深地根植在了我们的文化当中，例如典型的英式谚语中就有"别抱太大希望""不要异想天开""不要卖弄自己"，以及最为病态的那句"我永远都不会得到自己想要的"。

我们让这种习惯性的思维催眠自己，把一些毫无益处的想法当作人生的真谛。我们深信"你只有做自己不喜欢的事情才能致富"，或者"你根本就不是一个有天赋的幸运儿"。我所遇到的很多客户都有不同的信仰，但他们都有一个共同点——把自己的信仰看作这个世界的真实模样，可矛盾的是，他们所相信的东西又是如此的不同。很多客户告诉我："30 岁以后……或者 40 岁以后……到了 50 岁以后就绝对不可能再换一份工作了。"而我所能想到的就是："好吧，你们当中一定有人不会是这样！"

去驯服你的"胜利者"

我们所有人都会犯的一个最大错误就是将"胜利者"看作自己的理性代言人，但是它绝对不是！所以，为了你的创造力和幸福着想，你得去驯服自己的"胜利者"，而驯服的第一步就是要识别它。从今天开始，仔细地听听你内心的对话，要是发现了“胜利者”的踪迹，就赶紧做个标记：“啊！这个很像‘胜利者’的语气呀！”

而当你遭遇挫折时，有一点是尤为重要的，那就是要清楚你自己的思路：有什么事情是你觉得最难处理的？过去有哪些时候你觉得不顺心，当时发生了什么？如果你放弃了某件事，那当时让你感到沮丧的“胜利者”信息是什么？如果你打算重整旗鼓，那又是什么帮助了你？是读了一本励志的书、向朋友倾诉，还是选择暂时不去考虑这件事？请把你的解决方法记下来，等到你下次又陷入恶性循环的时候记得把它派上用场。如果你有一个总是在旁鼓励你的朋友，马上给他打电话呀！

但是，有的时候，导火线却不一定是我们遭受的挫折。你是否曾经在不明缘由的情况下就突然对某件事失去了动力？一开始，你很兴奋地做着某个项目，但过了一阵子，你就完全泄气了。又或者，你发现自己连想都不想就直接去做其他的事了。这个时候，你要留心想想，到底是什么让你偏离了轨道，有没有什么事情是你在毫无意识的情况下就让自己去做了呢？这就是“胜利者”给你灌输的想法。

而我们的下一步，就是要去克服“胜利者”带来的这些消极想法。每当你产生了消极想法时，请试着想一个能鼓励自己的积极想法。当“胜利者”说“开始行动有什么意思？反正你永远都做不成任何事”的时候，你就及时察觉，并找出驳斥的观点：“我当然可以做到！上个月我就搞定了一个看似不可能的大项目呢，所以这次我也一定可以做到。”虽然这听起来是有些荒唐，毕竟是在和自己针锋相对、互相驳斥，但你不是已经在心里和自己进行对话了吗，那就不妨来个更积极一点的！如果你还是感觉积极思考比较困难的话，就想象自己是在给朋友出主意，那在这种情况下，你会对朋友说些什么呢？

如果你捕捉到了一个想法，但是又不确定自己该不该去改变它——也许就是因为它很像在陈述一个事实，那就问问自己："我会不会对朋友说出这样的话呢？"如果你不会，那也就不应该对自己这么说。想想我们从来都不会对别人说一些伤人的话，但是居然会对自己这么说，还真是了不起呀！

一切的关键都是习惯问题。每当你产生了自我批评的想法时，记得把它换成另一个能鼓励自己的想法，这样慢慢养成习惯之后，积极思考就会变得更容易了。而且，这样做还能影响你大脑中的化学反应：每当你有消极的想法时，你的大脑和身体的其他部位就会分泌出让你感觉更糟糕的化学物质；反之，每当你有积极的想法时，你的大脑和身体就会分泌出让你感觉良好的化学物质。

虽然这不是一夜之间就能改变的事情，但如果你能花上一整天时间去击退自己所有的消极想法，然后找到能鼓励自己的积极想法，你会神奇地发现这一天比最近的任何时候都要快乐得多——也不需要任何特别的理由。等你养成了这个习惯之后，你的大脑中就建立起了相关的结构和联系，你就会觉得积极思考变得更加容易了。

而可以帮助你进行更加积极的内心对话的最佳方法之一，就是要和那些一直支持你的伙伴们一起"玩"。

组建你的“后援团”

孤独是梦想的杀手。

——芭芭拉·谢尔　美国职业规划专家

你身边的人都在做什么呢？如果他们都在勉强做着自己不喜欢的工作，那么你想逃离传统的工作，想从一名“工作者”变身为“玩家”的梦想也永远不可能实现；如果他们都在为自己的生计忙得焦头烂额，那么就算你成为一名自由职业者，你也永远赚不到什么大钱。为什么呢？这是因为我们会不自觉地受到身边人的影响，接受他们的意见、观念和习惯。如果我们的步伐和周围的人不一致，那我们所想的东西就会被看作是奇怪或是不正常的。人类生来就会为了适应周围的群体而改变自己，但你只要记住，你可以选择自己想要融入的群体。

我曾经问过一些想要从事创造性工作的人，他们说自己所遇到过的最为严峻的挑战之一，就是缺乏自信。确实，即便是世界上最为成功的那些人，也需要时不时地提醒自己要自信一点。我常常会对那些缺乏自信的客户们提出两个重要的问题：“你的‘胜利者’告诉了你什么？”以及“你会花时间和谁一起玩？”如果

“胜利者”告诉你的事情常常会动摇你的自信心，那你就可以选择和那些想法更为积极，而且还会在你的项目中给予支持的人一起玩。

你必须要组建出一支自己的“后援团”，4—5个人，然后定期见面。在这个队伍里，大家可以相互鼓励，当你遇到挫折时也会有人安慰你。而且有了大家的监督，你也会对自己承诺要去做的事情更加负责。

如果你是一个做事散漫的慢性拖延者，你想知道如何才能将每件事情完成好吗？那就是秘诀三中所说的，给自己定下一个“发布日”，并让大家对你进行监督。我的朋友詹姆斯就是这么做的，他很想尝试为电视节目创作一些器乐曲，但他也知道自己很可能会拖延。所以，他和自己的创意小组约定好，他每隔两周就要完成一首新的曲子，并把它带到会议上放给大家听，但如果没有做到的话，他就要被罚款50英镑。令人惊讶的是，这一点小小的外部压力——而且还是自己强加的——竟然会如此奏效。詹姆斯按时完成了每一次的任务，没有支付任何罚金，最后还创作出了比以往任何时候都要多的曲子。

不要再幻想自己会有一天醒来就突然变得很自律了！你要从现在开始去组建自己的“后援团”：先找到一个能够鼓励你，而且行动力也很强的伙伴，然后你们再约定每2—4周见一次面；在你的日程本里写上见面的日期，以及你们各自说好在见面之前要完成的事情。到了见面的时候，就互相展示各自的成果。这样一来，你就会在见面的前一晚惊喜地发现自己竟然做完了如此多的事！

迷思9：成功人士们都不需要别人的帮助（建议、指导、培训、心理治疗）

一个人也可以获得成功的秘诀就是——这当然是不可能做到的！仅凭你的一己之力是无法做出什么大成就的。而认为创业者的成功全靠自己一个人努力打拼出来的这种想法，可以说是我们目前讨论过的迷思中最最危险的了！事实上，想要成就非凡事业的人们都会为自己建立一张非凡的“帮助网”——教练、顾问、心理治疗师、能带来启发的同辈等。

在我们继续讨论之前，还得先提醒你一句：不要随便和别人分享你自己的梦想。你得选择那些会支持你的人，而不是对任何事情都吹毛求疵、愤世嫉俗的人（愤世嫉俗只是他们用来应对焦虑的一种方式而已）。通常我们的直觉也是很准的，相信你也一定可以判断出自己应该要听从哪些人的建议。

如果有人质疑你选择的这个新方向，那你不妨花点时间看看他们的人生：他们的职业发展得如何？他们的生活是什么样的？他们自己喜欢这一切吗。还是说他们感觉非常痛苦，一直在不停地抱怨。就算他们对自己的生活很满意，那你想要这样的生活吗？如果你不想有和他们一样的生活，那就在听取他们的意见之前，好好地思考一下吧！

还是觉得很害怕？

要明白你的欲望是大于你的恐惧的。

——比尔·科斯比　美国演员

如果你从来都没有过害怕的时候，那你就没做对这件事。当你冒着风险去开启另一种不同的生活时，恐惧是不可避免的。因此，能否克服恐惧就成为决定你之后能走多远的一个基本条件。

而当你开始出现担心、焦虑和恐惧的情绪时，就是你的“后援团”派上用场的最佳时机了。从你信赖的伙伴身上获取一些理性的建议，并让他们给你传授一些可以采取行动的实际方法。

这个时候，还要听听你心里的“胜利者”又在说些什么让你更加恐惧的想法。恐惧并不是自然产生的，而是由你自己“想”出来的。不相信我说的？那就请你想一想，现在有一架即将起飞的大型喷气式客机，上面载满了乘客，有一些人感到非常害怕，有一些人感到异常兴奋，有的人觉得无聊，有的人甚至睡着了，但是他们明明都在同一架飞机上，又有什么不同呢？答案就是他们每个人在心里“想”的场景是不一样的，感到害怕的乘客在想象着飞机坠毁的画面，将听到的每一个声响都当成飞机故障的信号，并一直告诉自己飞机随时都会坠毁，而且告诉自己“我的运气从来都不太好”。

对于你来说，学会克服恐惧是一件非常重要的事。成功人士通常对世界持有一种乐观的态度，并且知道如何去克服自己一定会产生的恐惧感。为了能够继续消灭那些阻碍着自己的“恶魔”，他们还故意去做一些会让自己害怕的事情——做一场公开演讲、辞掉一份安稳的工作、彻底换一个新发型。

德雷克·西弗斯创造了 CD Baby——一家世界上最大的独立音乐网络商店

14 年来，我一直给自己留着这个标志性的发型——前面是光头，后面则扎着一条长长的辫子。有趣的是，在留了这个发型这么多年之后，突然有一天我在办公室里想着：“你看，在过去 14 年里我几乎改变了自己的一切，除了这个发型。我很纳闷，为什么自己不换一个发型，要不要把这个辫子给剪掉……”接着，我马上就有了生理反应：“我的老天呀！我可不能把它剪了！这就是我的标志，是大家所熟悉的那个我呀！如果我真的把它剪了，那我就不再那么特殊了，人们也会觉得我破产了，而且当我穿上西装的时候，我就真的很像一个公司职员了。我不能剪！”

然后，我心里开始想：“该死的，听着！我只是被吓坏了，不是吗？我真的很害怕剪掉自己的辫子。”后来，我就立即决定：“好吧，看来我应该去这么做。”接着，我在别人的桌子上拿了一把剪刀，走进洗手间，就把辫子给剪了下来。

我认为，这是我学到的一条很重要的人生哲理：无论你在害怕什么，勇敢地去做吧！因为做了之后你就不会再害怕了，而让你害怕的东西越少越好。

当你感觉做得还不错的时候，你就会很容易考虑到某个新事物可能存在的所有风险。但是你要记住，当你不愿意冒着风险去做某件事的时候，你本身也是在冒着不去做这件事的风险。不去改变职业生涯的风险在于，10 年后你醒来会发现自己还在做着一份不喜欢的工作；不去尝试一个刺激的新项目的风险在于，你会放弃生命中只要敢去做就会发生的一切美好的事物。你得学会欣然放弃“还行”的东西，然后去追求“更好”的事物。

正是因为我们都不去冒险，这个世界才会如此的不安全；正是因为我们都不去冒险，死亡才会成为我们唯一的宿命。而这个魔咒，只有用我们“黑色的勇气之翼”才能够打破。

——达格·哈马舍尔德　联合国第二任秘书长

如何才能坚不可摧

克里斯·吉尔博为自己打造了一个精彩的人生：一边周游世界，一边将自己的经历分享到博客上，并以此谋生。我问他，如果有人想要获得跟他一样的成功，那他最需要做的一件事是什么，克里斯的回答只有 4 个字：“不要放弃。”

如果你不放弃，就一定会得到自己真正想要的。只要记住，如果你足够灵活变通，即使你最初的设想没有实现，你也能找到不同的途径去获得自己想要的体验。

而重点是，在每一个“玩家项目”中，你都要不断地调整自己的方向，让自己越来越接近“边玩边赚”的终极目标。要充分利用自己获得的反馈，无论是内部反馈还是外部反馈，要让它们成为你的指路明灯。外部反馈是指你所做出的成果以及他人对你的评价，而内部反馈则是指你自己对这个项目的感受——你喜欢这个项目吗？或者说，当你已经深入了解之后，它还像你之前认为的那样有趣吗？你觉得自己进入“流体验”了吗？

如果你开启了一个“玩家项目”，但却发现自己并没有那么喜欢它，或者觉得它并不是一个正确的选择，又或者它没有达到你的期望结果，请不要就此放弃！你得先想一想，要怎么去调整才能让这个项目变得更好，而且它的还有那些在最初的时候吸引着你的东西——不要轻易地丢掉！如果你打算成为一名演说家，但却发现正式的宴会致辞并不适合自己，那就回想一下最初是什么让你感到兴奋，而现在又要如何换一种方式去重拾那种感觉？如果你想激励别人，那你就可以把开设一个小型的励志工作坊作为自己的下一个“玩家项目”；如果你想分享自己的幽默，那就去尝试一下单口喜剧。

每当你完成一个“玩家项目”，你就会到达一个新的状态，而你的下一个项目又可以在此基础之上继续开展。如此一来，就算不知道自己前进的方向在哪儿，你也可以出发上路了，而且这一路上你都可以去做适合自己的事。这是一种非常不同的体验，不同于很多人总是在同一个方向上试探几步，又往回走，试探几步，直到准备好朝着另一个方向前进之前，都只是一直在原地打转而已。

成为一名“玩家”不仅要耗费大量的时间和精力，而且也不是每天都充满着100%的乐趣的。重点在于，你要不断地前进，不断地挑战你觉得自己能够做到的事情，但这也意味着你会面临很多挑战、风险、恐惧和挫折。

如果有一天你醒来，突然很不想做某件向别人承诺过的事，可你还是会去做，因为信守诺言也是“边玩边赚”的一个重要条件。可如果你发现自己频繁地不想去做某件事，那就是时候要改变一下了。不过，好消息就是，无论你以前的工作有多么无聊，一旦你是为了自己而做，就都会变得有趣起来，就像你在一份看不到任何前途的工作里被迫去扫地，和在自己刚租下来准备开业的店铺里扫地，显然是有着很大区别的。正如德里克·西弗斯所说：“如果你给别人家的孩子换尿布，那感觉就像是在工作，但如果你给自己的孩子换尿布，那就一点也不像在工作了。”

在“工作者”到“玩家”的转变中有一个非常重要的环节，那就是要对自己的职业生涯承担起全部的责任。的确，要让自己不再像“工作者”一样思考，不再把自己的处境归咎到别人（或是经济）的头上是需要时间的，你可以试着把注意力集中到自己身上，一遍一遍地问问自己：“我到底能够做些什么来改善自己的处境？”而这，就是一个巨大的转变，巨大到似乎能将一艘油轮掉转过头那样！

要主动进行“不舒服”的谈话。还有一个很厉害的技巧可以教给你，那就是要主动向别人开口索求你所需要的东西——想让别人来指导你、想让别人来购买你的产品（或服务）、想让你的员工重做一件事……有时候，要向别人说出这些事情会让我们感觉很不自在，所以大多数人都会选择避免这一类不太舒服的谈话。他们不会主动地找到某位名人，然后再问他能否一起聊聊、做个采访或是在他的手下工作。他们也不会冷不丁地就打电话到广播电台，要求别人来采访自己正在做的项目。可是，他们最终也没能过上自己想要的生活。如果你做到了别人能做的事，那你也一定会得到别人能得到的东西。

当你敢于说出这些不自在的话之后，很快你就会发现自己收获了不同于别人的成果。哪怕这些对话都遭到了拒绝，让面临尴尬的你恨不得赶快找个地洞钻进去，你也只需要记住：你已经做到了大多数人都不敢做的事情。或许过不了多久，你就能一笑置之了。

从来没有犯过错误的人，也从来没有尝试过新的东西。

——阿尔伯特·爱因斯坦　世界著名物理学家

停止寻求认同感

你掉进寻求认同感的陷阱了吗？你是不是还在等着别人告诉你，其实你想要的一切都是有可能实现的？你是不是花了很多时间去询问和调查，就只想知道自己有没有可能做成自己想做的事？你是不是在研究了一堆选择之后，又逐个地否定了？你是不是一直在问："我有可能在某某行业里面工作吗？""在某某行业里搞创业是不是疯了？""我能写出一本书来吗？"

不要再问自己"能否"得到自己想要的了！你应该要问自己"如何才能得到我想要的"？因为当你给自己提出一个问题时，即使你还在忙着其他事情，你的大脑也会开始思考要如何解决这个问题。如果你问自己"能否"去做某件事，它就会给你列出一份相关的利弊清单；如果你问自己要"如何"去做某件事，它就会帮你想出所有可行的方法。你觉得哪一种问法才会让自己产生前进的动力呢（如果经过了几天的思考之后，你还是对于"如何"去做的问题毫无头绪，那你就可以试着问问"谁"的问题："有谁知道要怎么去做这件事吗？""有谁可以为我介绍认识的人呢？"）？

无论你想做什么，都不要再向别人寻求认同感了。你得下定决心，不管付出多少代价，也一定会让它成真的。而这样，才是一名“玩家”该有的思维方式。

让“世界上最厉害的专家”给你一些关于成功的建议

当你面对一个很有挑战性的项目时，就去请教一下这个世界上最厉害的专家——你自己。请回顾一下，迄今为止你是如何完成了人生中的那些重要成就的：有了自己的房子、搬家、找到伴侣、维系婚姻关系、找到一份新的工作、战胜病魔……你是怎么做到这些事情的？究竟是什么发挥了作用？那你现在又要如何去应用这些方法呢？

当我回首过去，我发现自己几乎所有的成就都要归功于两个原因：首先，我只会去做自己感兴趣的事情；其次，我会跟别人约好一个不能推迟的成果分享日，这样就能把事情都做完了，而且只有定好了期限我才能克服自己天生的完美主义和拖延症。我有生以来的第一套房子，就是在自己要辞职的前两周决定买下的，因为这样我就可以在签贷款合同的时候，堂堂正正地说自己是有工作的，如果不这么做的话，我可能申请不到抵押贷款。每当我要去完成一件事的时候，我就感觉好像有一把枪在指着我的脑袋。当然，这肯定不是真的，但当我这么去想的时候，我就能产生动力了。现在我就明白了，自己总是应该和别人约定好一个“发布日”：一个必须得面对的日子。

提姆·施密特创建了英国的“伊甸园工程”，取得了巨大的成就，但他却说自己“真的很懒”，是“你所见过的最不专心的人之一”。我问他，是什么让他决定接下这些项目而不是去做点轻松的事，他回答说：“是对死亡的恐惧和想去完成不可能的任务的一种冲动，是它们让我硬着头皮去做这些事的，不然我就会觉得很丢脸。”

说了这么多，那什么方法才是对你有用的呢？也许是把这件事变得有趣一些，也许是获得大家的支持，又或许是得到专家的建议……但无论它是什么，都赶快用起来吧！

如何“作弊”

想要加速你的“边玩边赚”之旅，那就去试试“作弊”吧！如果有人成功做到了你想做的事情，那就说明你还是有机会的。看看他们是怎么做的，再把他们的方法“偷”过来。注意，这里的“偷”不是让你完全照搬他们所做的事情，而是要复制他们所用的方法。那支刚出道的新乐队是怎么迅速蹿红的？这个毫无经验的人是怎么进入广告行业的？在没有任何投资的情况下，这家软件初创公司又是如何发展起来的？找到他们的方法，然后复制下来。

迷思 10：我和那些名人们本来就是不同世界的人

如果你还是习惯将那些有名的成功人士看作是另外一个世界的人，那我所说的一切对你都是毫无意义的。他们也和你一样，都是人。没错，你们之间确实会有一些天赋的差异，但它的影响往往要比你想的小得多。如果你去模仿这些成功人士的信念、想法、行为和语言，那你也可以模仿出他们的成功。千万不要认为那些获得成功的人都有你所没有的优势（金钱、人脉、地位等），因为在世界的某处，肯定会有人比你更没有优势，却仍然获得了成功。而你要做的，就是找到他们，模仿他们！

让“百万富翁测试”伴你一路前行

在你的“玩家”之旅中，请记得每天检查一下自己的进展如何，然后再对前进的方向做出相应的调整。那要怎么检查呢？你可以借助“百万富翁测试”。

当你每天早上醒来的时候，请问问自己这两个问题：

1. 如果我已经成为一位百万富翁，那今天我还会去做原本要做的事情吗？

写出你的答案。

2. 如果我今天没有任何行程，而身上又有足够的钱，我要如何度过这一天？

写出你的答案。

如果你的回答是想休一天假，然后舒服地坐在沙滩上，那就再问问自己要如何才能拥有类似的体验。你真的可以请到一天假吗？不行的话，那你能找到某个地方让自己什么事都不用做吗？如果你附近没有海滩，那你能在下班之后去游泳馆，然后坐在泳池边看书吗？又或者你今天应该抽点时间来计划你的下一个假期？

如果你每一天的“百万富翁测试”答案都表明了你不想做自己的工作，那么，是时候改变一下你的工作了。

同样，你也可以利用“百万富翁测试”来帮你做一些小的决策。最近，我去参加了一场社交活动，然后有很多大公司的“重量级”人物也都出席了。我意识到自己在思考：“我应该去和那个跨国公司的家伙聊聊，他很有可能会成为我的一个重要的人脉。”但问题是，我压根就对这段谈话提不起任何兴趣，我也感到非常无聊，因为我选择的是自己认为应该去结交的人，而不是我自己真正想去结交的人——这也是我在大公司从事咨询工作多年来养成的习惯。

然后，我记起来了这段“咒语”：

如果我已经成为一位百万富翁，那今天我还会去做原本要做的事情吗？

我突然意识到，如果我已经是一位百万富翁，我就只会去找那些能够吸引自己的，或是从事着某个我很想要去了解的项目的人聊天。那天晚上，我就开始这么去做，然后就认识了几位很厉害的人，我们一起聊了很多有趣的话题——这些谈话也给我的事业带来了新的想法和人脉资源。再后来，他们中的一个人还到我举办的“扫描人之夜”活动上发言了。

想象一下，如果我们一直都在照着这个想法工作，将会发生什么呢？我们自然就会认识很多值得认识的人，而我们所做的项目（或事业）也不再让人感到压力重重，而是趣味满满了。

虽然这个问题有些浅显，听起来还很“唯物主义”，但它却可以每时每刻地提醒你要朝着“边玩边赚”的方向前进。当然，在这趟“玩家”之旅中，哪怕你有心情不好的时候，你也得信守承诺，去做完自己该做的事情；甚至你还可能要做一些自己不会主动选择的项目，但它们将会是帮助你实现终极理想的一块超级跳板。

当然，你还可以简单地问自己一句：“我真的很想做这件事吗？”但让人吃惊的是，我的很多客户都无法确切地回答这个问题——真是多亏了“胜利者”的影响呀！

如果你想养成“百万富翁测试”的习惯，你就可以随身携带一个提醒自己的东西。或许，你还需要把个别的词汇替换一下，才会对自己更加有效。“百万富翁”可以有很多含义，在我看来，它就意味着一定的财富积累，虽然还没到能让你从此高枕无忧的程度，但至少也能帮你省去好几年的工作时间，直接过上高品质的生活。而这样的身份定位，才能让你更好地选择自己的工作——那股热乎劲已经散去，但你还得继续工作下去。

在缺乏时间和精力的情况下，如何才能有所进展

你是否还在努力地挤出时间去做自己的项目？你是否还在原来的工作岗位上忙活着自己的这份新工作？有一个方法可以让你继续保持前进：少做多次。要利用自己注意力高度集中的碎片时间去做最能让自己进步的事情。在接下来的 24 小时里，你能抽出 10 分钟的时间吗？当你做好准备，完全投入手头上的任务时，你就会惊讶地发现自己竟然能在 10 分钟内完成如此多的事情。当然，如果你在一天的工作结束后筋疲力尽地回到家，你就什么也不想做了。然而，动力往往在你行动之后才会出现，而非之前。

下面列出了一些方法，教你如何在没有什么时间的情况下，还能继续前进。如果你因为一些抵触情绪而一直拖延着一件事，那这些方法同样也会非常有效。

1. 想想你的“玩家项目”需要做的下一个任务是什么？有什么事情是你可以投入最少的时间，却能产生最大效果的吗？请把它写下来。

2. 决定一下你的碎片时间：10 分钟？ 20 分钟？还是 30 分钟？

3. 写下你可以在这个碎片时间里完成的事。不要笼统地写

“学法语”或者“业务规划”之类的东西，而是要详细地写出“做法语书上的练习10”“在网上搜索3篇关于如何利用博客赚钱的好文章，并将它们打印出来以便之后阅读”“阅读昨天打印出来的3篇文章”。

4. 拿出你的日程本，将自己要做的事情当作某个真正的“约会”记下来，例如：7点到7点15分做法语书上的练习10。

5. 准时“赴约”。请把它当成一个真的承诺，就像自己已经预约好了医生一样。除非真的有非常重要的事情耽搁了，否则你就要一直坚持下去，永远都不能逃避它。

6. 关掉你的手机、电子邮件和其他任何不需要的东西，不要让它们分散你的注意力，并提前告知那些可能会来打断你的人，你很忙。

7. 时间管理大师马克·佛斯特给出了一条妙招：找到一个可以倒计时的厨房计时器，将它的时间设置为10分钟，或是任何你想要的时间，然后把它放在你面前开始倒计时，这会有助于你集中注意力。

8. 严格按照你所写下的事情去行动。

9. 当计时器停止时，你可以立即停止——即使你还没有完成任务（但如果你现在觉得充满了动力，那就继续做！）。

10. 在你归档笔记（或是关闭文档）之前，请先决定好你的下一个碎片时间要做什么，并把它写下来。这样当你明天再来看的时候，你就知道自己接下来要做什么了。请把你的项目保存在一个好找的地方。

11. 拿出你的日程本，写下自己与下一个碎片时间的“约会”

时间，以及你要做的事情。

12. 去放松一下吧！

当然，要想完成一个重要的项目，你可能还需要一些整块的时间，但在你可以腾出这些时间之前，请继续利用你的碎片时间，相信你一定会惊讶地发现自己竟然也能在一些零碎时间里取得很大的进展。而且，相比只能眼睁睁地看着日子一天天溜走的一事无成，这种持续的进步才更能让你保持乐观积极的心态。你是不是一直想抽出一个小时来做你的项目，但都失败了？这样的情况已经持续多少个星期了？现在，你能想象自己每天只抽出 10 分钟，一周坚持 6 天会发生什么吗？作家苏西·格里夫斯，在做好人生指导教练和母亲的角色之余，还利用了每次 15 分钟的碎片时间写完了《如何让心静下来》(*The Big Peace*) 一书。

你并不需要确切地知道该如何去完成你的项目，你只需要明确自己的下一步要做什么，然后再把它做好。如果你能做到的话，那你基本就可以成功了。请继续前进，并根据你每次行动的结果调整自己的方向。

在你每天开始做其他事情之前，请试着利用早上的碎片时间做自己的项目。这将为你开启美好的一天，而且还能确保不会有任何事情妨碍到你。要是你还能将每天的碎片时间增加到 1 个小时，那你的项目一定能取得巨大的进展。同时，要记得也将这个方法应用到"玩转星期三"里呀！

学会管理你的压力，而不是时间

近来，我们都会感到压力在一阵阵地向自己袭来，因为我们有太多的事情要去做，有太多的信息要去处理。即使你严格地按照自己的规划去做，这些压力也是永远不会消失殆尽的，你只觉得自己要做的事就算到死的那一刻也做不完!

压力，也是你“边玩边赚”之旅中的一大障碍。而从事创意工作的人们往往更容易感受到压力的存在，为什么？因为他们的思考方式并不是一成不变的“结构式”思维：他们没有很强的时间观念，当你全神贯注在某件事上时，几个小时就飞快地过去了，但恰恰就是这种可以完全忽视掉时间的能力，才使得他们可以深入自己的创作中；此外，他们自然也不会按照事物的顺序思考，他们能够判断出某个项目所需要的一切东西，却不会按照时间先后来排序，所以就会觉得所有事情都是需要立即去做的，结果就被压力击垮了。被压力击垮是很可怕的事情，所以当它发生的时候，我们的反应通常都是干脆完全停下，瘫坐一团；更好玩的是，我们早就开始在刷视频和电视剧了——或是其他任何能够暂时转移注意力的事情，而这也是为什么大家总是把压力误认为是自己的拖延症，甚至是懒惰的原因了。

在我看来，这就很像我们在玩弹球游戏时的那个内置倾斜开关一样，如果你想要中奖的话，就必须稍微摇晃一下机器，但如果你用力过猛，使得倾斜开关晃动得太厉害的话，就会导致整个机器故障重启了。所以，你就要注意自己的倾斜开关什么时候会启动，观察一下它是否压力过大，然后再试着做点其他的事来缓解一下压力。总之，解决办法就是将你的任务分解成一件件小事，而你就关注要做的下一件小事就好了。

你是不是明明想好今天要做网站策划，却发现自己还在看电视？那就把这件事进行分解。想想你应该最先做什么事？而且最好不要超过 1 个小时。那么，去挑选出 5 个备选的网站界面怎么样？或者是在网站主页上写出你想要表达的 3 个要点？

如果你还是无法下手，那就可以打个电话请教一些很会时间管理的人，相信他们能很快看出你的问题所在，并告诉你应该先做的 5 件事以及它们的顺序。

无论何时，你都可以通过做一些简单的事情来舒缓自己的压力。比如，你可以写写日记，学会将事情都记录下来，别把重要的信息都存在脑子里，因为你的脑子是要腾出来留着思考的。而且，还要学会务实一些，每天都要写下自己要做的 3 件最重要的事。

与此同时，也要听听你的“胜利者”是怎么评价这个让你压力倍增的任务的，是不是很悲观呢？如果它告诉你这件事注定会失败，或是你早就应该去这么做，那你就会没什么动力去做这件事了。那是不是关于完美主义者的呢？完美主义者往往更容易被压力击垮，因为他们的“胜利者”会告诉他们，每一件事都必须做到完美无缺。然而，完成一个“还行”的项目要比放弃一个又一个项目要好得多，因为你始终是做不到完美无缺的。

如何管理你的“好主意”

你脑袋里的想法是不是多到自己都不知道要去做什么了？如果你一味地去追求自己所想到的一切事情，那你就什么也做不成了。你要专门找一个地方来储存自己所有的好主意，每当你想到了一个新的主意，就把它存放进去，这样你就能专心做好现在要做的事情了。

每当你开始一个全新的项目时，无论你受邀去做一场演讲，还是去建一个网站，又或者去开发某个产品，你要做的第一件事就是要为自己之后的所有想法建一个储藏库。买一个新的笔记本，或是像我一样在电脑上新建一个空白文档，每当你有了一个新的想法，就打开文件把它记下来。也许到了最后，你就发现自己的演讲初稿已经写好了。

每当你想到了一个好主意，并且很想为它按下“行动”键时，不要犹豫！

在怀着一个创意想法的 24 小时里，只有你真正做了的事情才会决定你的成败。

——巴克敏斯特·富勒　美国建筑师

我们的想法都是有半衰期的。如果你过了很久之后才开始行动，那么当你回过头来看自己曾经记下的笔记时，你很可能就不知道它在说些什么了。如果你觉得某个项目很适合自己去“边玩边赚”的话，那就不要浪费时间，赶快行动吧！正如作家乔·瓦伊塔尔常说的那样：“金钱是喜欢速度的。”

如何成为一个创意天才

所有孩子都是艺术家，可问题在于，我们长大之后要如何继续做艺术家。

——巴勃罗·毕加索　西班牙画家、雕塑家

接下来，你会学到一些可以释放自己创造天赋的技巧，这样你就可以花费更少的努力获得更大的成果了。不要被一些关于创造力的错误观念误导了！我们很容易就会认为，伟大的艺术作品都是由它们的创造者一下子就变出来的，但事实上，它们更多的是被一点一点地雕刻出来的。每件雕塑作品在一开始的时候就只是一块毫无形状的大理石，是雕刻家们经过一个星期又一个星期的凿刻，才让它慢慢出现了一个模糊的轮廓，直到最后，它才得以将自己的美展现给世人。世界上所有的创造过程皆是如此，都要经历重复再重复的过程，但我们却总是容易忘记这一点，只寄希望于自己能够一下子就创造出了不起的东西。下面会有一个更好的方法：

1. 弄清楚你想要去解决什么问题，或是你想要做出什么样的成果。正如心理学家约翰·杜威所说:“如果对一个问题有了明确的认识，那问题就已经解决了一半。”

2. 每天都做一点自己的项目，最好把它作为早上的第一件事开始。而在你没有接触项目的时间里，你的潜意识也会继续工作。你还可以通过做一些简单的体力活来帮助自己——散散步、修剪花园、洗洗碗。

3. 记录你的想法。专门研究创造力的罗伯特·爱波斯坦博士说过，我们所认为的那些富有创造力的人可能只是拥有很好的“捕捉技能”，也就是说，他们会认真对待自己所有的想法并把它们都记录下来。所以，无论你到哪里，都要带上你的“玩家宝典”和笔，记下自己所想到的和项目有关的所有事情，无论是在床上、火车上还是上班的路途中，你甚至还可以买一个防水笔记本，专门记录在洗澡时想到的好点子!

4. 要注重数量，而不是质量。身为化学家、和平主义活动家的莱纳斯·鲍林曾说过:“想出一个好主意的最好方法就是想出许多的好主意”(鲍林是世界上为数不多的曾获得两次诺贝尔奖的人之一)。要尽可能地多想一些主意，你可以每天花一些时间来写写东西，或是每周去拍一些照片，这样就可以帮你减少一定要想出“正确”的想法的压力，从而你才能想出更多的创意点子。然后，再回过头来选出一个最好的想法。你还要一直将自己“创建”想法和“编辑”想法这两个过程分开进行，因为它们的思维模式完全不同，一个是朝里面添加，另一个则是往外面删除。如果同时在做这两件事的话，你的大脑最后就会“死机”了。

5. 如果你陷入了思想僵局，就让朋友或同事跟你一起经历

“头脑风暴”。请记住，在“头脑风暴”中没有任何一个想法会是古怪的；或者你还可以用10分钟向别人说说自己的想法；如果你只有自己一个人的话，那就试试连续10分钟不间断地在纸上写出自己的想法，再看看结果如何。

我曾经表演过单口喜剧，那时候人们会问我是如何想出这些喜剧素材的。我就告诉他们，其实这并不像他们所想的那么困难，就是随身携带一个笔记本，记下身边发生的有趣的事情，然后再试着将这些素材运用起来，并把不太好笑的部分删掉就可以了。最后，有了剩下的这5分钟最佳素材，你就可以上台表演了。

空闲时间中的绝妙创意

对我来说，空闲时间并不意味着放弃生活，而是满怀热情地掌控着生活。”

——汤姆·霍奇金森 《闲人》杂志编辑、《悠游度日》作者

空闲时间是每个创意过程中必不可少的一部分。当你在为某个项目倾注全力的时候，不妨休息一下，做一些完全不同的事情，比如和孩子们一起玩耍，或者偷懒一个下午，都能让你重新恢复精力，而且这也是一种善待自己的方式。如果你以后真的成了自己的老板，那也要当个好老板才行！

要记得给自己留出一点时间，去做一些“纯玩”的事——你很喜欢去做，而且也不用担心要用它赚钱的事。你还要注意自己的做事节奏，要学会和它相处，而不是与之对抗。不要试图将自己变得像另外一个人，像别人一样可以彻夜不眠地工作，或者连续工作 4 个小时，又或者只在上班时间内工作。你得像你自己一样去工作！如果你想要获得更好的结果，那你就要去“做”一些不一样的事情，而不是去“当”一个和自己不一样的人。

当你的身体发出休息信号时，请听从它。如果你没有这么做

的话，虽然节省了休息的时间，但你却因此丧失了专注力，或者老是被一些无关紧要的事情分散了注意力。而且你也没办法一直欺骗自己的身体，所以还不如好好休息一下！说不定你还能取得什么重大的突破呢！J.K. 罗琳曾说，就是在她一个人坐在由曼彻斯特开往伦敦的晚点火车上时，“哈利·波特就突然出现在了我的脑海里”，在接下来的 4 个小时，“所有的细节都在我的脑海中一一浮现，这个骨瘦如柴、黑头发、戴着眼镜、不知道自己原来是一名巫师的小男孩，在我的眼里变得越来越真实”。

物理学家理查德·费曼在康奈尔大学自助餐厅里看到有人正把一个盘子胡乱扔向空中，他便决定用方程式来描述盘子的运动状态，纯属是觉得“好玩”。但是，这个描述盘子转动的方程式却对他研究量子电动力学起到了非常关键的作用，后来他的这项研究还获得了诺贝尔奖。

如果你想做出一些重要的成就，那就很有必要稍微去做一点不务正业的事。

——詹姆斯·杜威·沃森　DNA 结构的发现者之一

每天都要一点点地接近你自己最为舒服的工作方式，再看看你离理想中的“年假”生活还有多远？

来吧，打个盹儿！

你必须在午饭和晚饭之间找个时间睡会儿觉……我就一直是这么做的。不要认为你的工作效率会因为白天睡觉而有所降低，那是没有想象力的人才会有的愚蠢看法，你将完成更多的工作。

——温斯顿·丘吉尔

如果你打算过得懒散一点，那为什么不去打个盹儿呢？有研究表明，小睡一会儿可以帮助我们降低压力荷尔蒙的分泌，并且有助于提高工作效率和创造力。所以说，打盹儿的效果就像把我们的大脑进行了重启一样，正如温斯顿·丘吉尔所说："你可以把一天过成两天——好吧，至少是一天半。"

如果你在工作的时候打了个盹儿，而有人却想让你因此感到内疚的话，请告诉他，睡觉也是有用的：保罗·麦卡特尼就是在梦中创作出了《昨日》（*Yesterday*）的旋律；化学家弗里德里希·奥古斯特·凯库勒梦到一条蛇在咬自己的尾巴，然后就发现了化合物苯的环状结构。当然，有质量的小睡是需要进行练习的，像我现在就能在 5 分钟（或是更少的时间）内入睡。你可以设定一个闹钟，只让自己小睡 20 分钟左右，这样你醒来就不会觉得昏昏沉沉了。

当你掌握了所有这些技巧后，你就可以开始让你的"玩家"之旅向着可以获得报酬的方向前进了。阅读下一章，你就会知道要怎么去做了。

玩家小技巧

秘诀四的要点：

➔ 敢于相信你能得到自己想要的，也能克服遇到的挫折。

只要你不放弃，你就一定可以成功。

➔ 找到你的“胜利者”，开始去驯服它。

➔ 组建你的“后援团”，克服恐惧。

➔ 模仿别人获得成功的方法。

➔ 利用“百万富翁测试”让自己继续前行。

➔ 当你没有时间的时候，要“少做多次”，并学会管理自己的压力。

➔ 结合“创意天才”中的方法和“空闲时间”提高你的效率。

目前你应该清楚：

➔ 能够让自己抵达最终目标的方法是什么？

10 分钟的玩家养成记：

➔ 从本章列出的技巧里面选择一个付诸实践。

➔ 打电话给你觉得会成为自己“后援团”的首位成员。

秘诀五

如何才能“玩”着赚钱

企业家就是专门解决利润问题的人。

——T·哈弗·艾克　美国企业家、作家、演说家

现在我们已经知道要如何启动你的第一个“玩家项目”，以及如何克服这一过程中的重重困难了。而在这一章中，你将学习到如何调整自己的项目才能让人们来为它买单。但在开始之前，让我们先来看一位英国企业家的故事，这位企业家就亲身经历过一个挑战从而成立了一家创新企业。

从一个沙滩的想法到遍布全国的企业

理查德·奥尔德森是Careershifters公司的创始人，他的这家公司极具开创性地专门帮助人们进行重要的职业转型。不过，他为什么会有这样的想法呢？他又是如何知道这个想法可以发展成一个企业呢？

那是2003年年底，我刚刚经历了一场痛苦的离职，但是最后还是感觉收获满满的。当时，我选择了去印度喀拉拉邦度过自己的职业空窗期，我在那里学了几个月的瑜伽，也算是实现了自己的一个梦想。有趣的是，在我将身体弯曲成各种新姿势的时候，我的脑海中总是会跳出一些让人兴奋不已的想法。

到了2004年年初，我初步写了一份商业计划书（之后我才意识到这份计划书实在是太过简单了），然后就开始向我身边的朋友和同事大力推荐自己的想法，并在这个过程中不断地去完善它。后来，我就开始接触一些人，并从他们那里获得了最初的支持，

而且之前也是他们激励了我做出改变，他们就是我曾经读过的一些书的作者、帮助过我的职业教练，以及我认为在职业转型领域中起着领导作用的人。

在那一年的年末，我开始找到一些伙伴。他们都是我认为可以帮助我去实现这个项目的人，他们中的多数人也经历了职业转型，而所有的人都对实现这个项目充满热情。他们都像我一样，在自己的日常工作之余，仍自愿地抽出时间来参与这个项目。

在 2005 年 2 月一个寒冷的夜晚，我们在伦敦苏豪区的一家酒吧里举行了第一次小组会议。从那以后，我们每个月都开一次会，但开会的场所时常变化，有时候在空出来的办公室会议室里，有时候在酒吧里，还有的时候就在我住的公寓里。

这一切都很不容易。有的时候，很多事情都进展得非常缓慢，就像蜗牛的速度一样，而每当这时我就会怀疑自己，到底为什么要花费这么多时间来做这件事。但是，我是一个很固执的人，我从来没想过放弃，因为我坚信我们做的这件事是可以给成千上万的人带来帮助的。

我坚信 Careershifters 是可以填补市场上急需的某个空缺的，因为目前还没有任何其他的在线网站像我们一样，是专门为了想职业转型的人提供帮助的。只有在我们的网站，你才可能从专家那里得到一些实用的建议，你才会认识到很多像你一样想转换职业的人，你才会从已经转型成功的人们所分享的不同的故事中获得启发。而且，我们也是新兴的非盈利公司中的一员，只是希望能在维持公司正常运转的基础之上，还能给社会带来一些影响。

2009 年，也就是在我提出这个想法将近 6 年之后，我们有了一个很棒的网站、全新的Careershifters指南板块、在伦敦开设的工作坊（即将推广到整个英国），以及“Careershifters俱乐部”。

理查德的这个想法，让他真的做到了自己所想的那样：既可以让公司持续发展，又可以用自己的亲身经历帮助更多的人。那你要怎么去实现自己的想法呢？你要怎样找到某种方法，让人们为你真正喜欢做的事情花钱买单呢？而这，就是我们赚钱的本质所在了，现在是时候像企业家一样思考问题了。你准备好一起揭晓能够“边玩边赚”的神奇方法了吗？它就是：

解决一个问题

想要通过“玩”来赚钱，关键就是要用可以帮助别人解决某个问题的方式去做自己喜欢的事情。“问题”是有很大影响力的，当你找到了一个可以解决问题的好方法，那你就一定会有办法从中赚到钱，况且帮助大家解决问题也会让你感觉到开心。

明白了“问题”的重要性将会大大地提升你自己“边玩边赚”的能力。下面就向你解释为什么：想想看为什么人们会愿意花钱，无非是出于这两个原因——要么想避免某些痛苦，要么想体验某些快乐。而在这两者中，痛苦会有更强大的驱动力。这种痛苦可能是身体上的（比如背部疼痛）、情感上的（孤独、不快乐、无聊）、财务上的（付不起下一笔房贷），甚至是精神上的（感觉不满足）。无论是感到无聊的这种轻微的痛苦，还是像牙痛那般剧烈的痛苦，它们都会是人们愿意花钱解决的问题。想想看我们为什么会购买房屋保险，并不是因为买了保险就万事大吉了，而是因为不买保险会让你感到焦虑不安，你担心自己一旦被盗，就会损失所有的财物，这就是一个问题，而且还是大多数人都愿意花钱解决的问题。

事实上，你甚至还可以说，其实所有的购买行为都是为了缓解我们的某些不适，哪怕是购买奢侈品。想一想，在英国每年最为阴沉、寒冷的 1 月里，有多少度假酒店被预订了？

人们在第一次赚钱的时候，往往会忽略掉解决问题的重要性，他们所提供的服务对别人来说，只是“锦上添花”，而非“雪中送炭”。如果你一直这么做的话，就会发现真的是工作艰难。我们都在生活中见过一些发明家在街上兜售设计精巧但没人真正需要的新奇玩意儿，又或是一些初出茅庐的自由职业者在提供某个听起来很不错，却没人愿意花钱的服务。其问题就在于，世界上总是会有其他东西比你所提供的更重要。现今的我们都很忙碌，有长长的“待办事项”清单和塞满邮箱的一堆邮件要处理。而对你来说，这可能是好消息，也可能是坏消息。当然，如果你要提供的东西已经列在了人们的“待办事项”清单上，那便是个好消息。

理查德就意识到了 Careershifters 可以为大家提供这样的服务：“有太多人被困在了自己十分痛苦的工作中，恐惧、财务状况、缺乏信心、不知道自己该选择什么、不知道要向谁（或向什么）寻求帮助，所有的一切都在阻碍着他们。”对于很多人来说，这就是一个实实在在的问题，也是他们当前亟须解决的问题。

当人们知道自己正面临着某个问题时，你不必劝说他们还需要一个解决方法——他们早就很想要了。你只需要证明自己能够为他们提供解决方法，而且你所要求的报酬也是合理的就可以了。不要浪费时间提供一些你还得先说服大家需要它的东西，虽然你也做得到，但是你会感觉非常辛苦，甚至还可能在成功之前就已经破产了！

一起来找找问题吧！

回过头来看看你所选择的“玩家项目”，希望你已经找到了自己喜欢做，并且也有天赋的事情。而现在的问题是，你的这个项目可以为人们解决什么样的问题？下面有一些例子，会告诉你如何一边做着自己喜欢的事，一边找到你要解决的那个问题。

喜欢设计一些好玩的小网站？那你就可以向大家推出一套比较简单易行，还可以进行个人定制的网站设计方案，这样人们就不会常常被各种网站设计方案和昂贵的费用搞得焦头烂额了。

喜欢写作博客？那你在博客写作中最感兴趣的问题是什么？是那些想装扮时髦，却没钱买名牌的人吗，还是那些对某项社会事业充满热情，却不被大家所理解的人？又或是那些想要学会使用新兴社交软件，却不知道该如何开始，还总担心自己出错的人？

喜欢去整理别人凌乱的生活？想做一名虚拟助理？那你想去整理什么样的东西？是那些被一大堆活动策划的琐事弄得手足无措的人，还是那些总被行政工作扰乱，无法专心从事自己创意项目的人？

热衷于辅助治疗？那你就可以在某个特定的领域里帮助人们恢复，比如经常感到疲劳、压力和背痛的孕妇。

热爱艺术创作？认为艺术解决不了问题？艺术家杰·维斯鲁斯曾拍出了一张十分优美的抽象照，叫作“条纹”（Stripes）。后来，有一位室内设计师看到了这张照片，就觉得它可以帮到自己，因为她正在改造一间有着极简风格的办公室，而她急需一件能够引人注目的艺术作品来抵消这种极简风格所营造出来的荒凉感。最后，杰·维斯鲁斯将这张照片做成了长宽 12 英尺，且设有背光装置的巨幅作品，得到了 5000 多英镑的报酬。

自己发明了一个稀奇古怪的小玩意儿，也许能做成一份不错的公司礼品？不管是大公司还是小公司，他们多数都会害怕被大家认为缺乏想象力，或跟不上潮流。而这就意味着，他们得不断地去寻求各种方法来让公司所做的每一件事都显得与众不同、新颖非常——甚至包括在各种展览和活动上赠送的公司礼品。所以，我们不应该忽视每个公司都不想被认为和别人一样的问题——而且，我们每个人也都有这样的问题存在。

喜欢创建和文章、图像或视频有关的搞笑网站？但即使是这样也能帮助人们解决一个实际的问题——在工作中感到无聊的时候，可以暂时逃离一会儿，开怀一笑。就算它只是你鲜为人知的一个爱好（或者兴趣），也同样可以帮助人们驱赶孤独，并找寻到一种归属感。

再来想想你现在的“玩家项目”，它能够为人们解决什么问题？而当你在寻找要解决的问题时，请注意观察一下你想帮助的那些人使用了什么样的情感表达。如果他们有类似于“我很讨厌”“我很厌烦”“我很担心”的表达时，你就能找到问题所在了。

找到问题所在

当索菲·博斯刚刚推出自己的“超越巧克力”专门帮助女性们停止溜溜球节食[①]的时候，“改变你与食物的关系”就是她书中的副标题。后来，她去参加了一个有关市场营销的工作坊，苏菲告诉我：

负责这次活动的女士看着我说：其实，我认为没有人会早上一醒来就想着“我真的必须要改变自己和食物的关系！”确实，她说得很对。人们心里所想的都是“我必须要减肥”，“我必须要停止这种疯狂的节食法”，或者是“我不能再这么做了”。所以，我们就决定要改变自己的措辞。

后来我们又写了一本书，其副标题就改成了“停止溜溜球节食，一直瘦下去”。而这就像我们做了一个很大的退让，因为即使大家是在“超越巧克力”的帮助下减肥成功的，我们却感受不到这是自己的成就。我们都很愿意向大家解释“超越巧克力”是多么与众不同，以及会如何帮助她们。可我发现，人们只会对自己想要的东西感兴趣，所以她们不一定会想知道我们是如何做的。改变她们与食物之间的关系就是这个“如何”，而她们的目标就是要结束“溜溜球节食”的痛苦，并减肥成功。

如果你已经成为一名自由职业者，那你有可能在推出某种服

① yoyo dieting，是美国有名的肥胖研究专家凯利 D. 布劳内尔（Kelly D. Brownell）创造的词汇，形容人们的减肥过程就像是溜溜球的运动周期一样，体重忽高忽低，无法一直维持下去。——译者

务的一段时间后，仍然对自己的销售量感到失望。而这时，你就要像苏菲一样，站在你想要帮助的那些人的立场来思考问题，这样你就能吸引到更多的顾客，增加销售量。这里有一个非常厉害的方法，可以帮助你找到要去解决的那个问题：想一想在有人最终买下了你的产品，或者有人打电话给你，说要雇用你的那一刻，这些人到底发生了什么？他们很有可能一直在犹豫是否要购买你的产品，或者是否要聘请你一段时间，但有某些事情促使他们鼓起勇气做了决定。那你知道是什么事情吗？每周一，我收到的职业问题咨询最多，因为这个时候人们刚过完周末，又得回到令人痛苦的工作岗位去了（而那些真的很讨厌自己工作的人，哪怕光是想到明天要上班，就会忍不住在周日的晚上联系我了）！而我就将这个情况好好地加以利用：在周一给别人发邮件的时候，我会在标题一栏里写着：“是不是不想再工作了？”然后就收到了很多人的回复。

现在，让我们一起来找找你到底可以为人们解决什么问题。你要利用自己的“甜蜜点”（你喜欢做的，并且也有天赋的事情）帮助人们解决一直被困扰着的问题，现在是时候认真想一想了！

请将你认为自己可以帮助别人解决的问题列举出来，但你不需要对每个问题都有一套完整的解决方案，只要能够对它产生一些影响就可以了。

接下来，通过问问自己下面的问题来好好进行思考，再把你的答案写在“玩家宝典”里。

➔ 想想你在秘诀三中决定好的那个“玩家项目”，问问自己它可以帮助别人解决什么问题？如果你将项目的重点稍微调整一下，它又能解决什么问题？

➔ 你有没有觉得可能会很乐意与之合作的某个特定的行业、小众市场，或是一群人呢？如果有的话，那他们在谈论些什么问题？而在那个领域，最令人头疼的问题是什么？

➔ 回到你的“闪光时刻”，想想在那个时候，你在帮助人们解决的问题（可大可小）是什么？

➔ 在你的生活中，有没有什么问题一直让你感到十分恼火，以至于你已经做好准备要去解决它了，而且你也喜欢做？

➔ 如果你已经有了一个创业的想法，请写出它能够帮助你的客户（或消费者）解决的最为重要的问题是什么。

➔ 如果你已经是一位自由职业者了，那你知道你的客户们有哪些紧迫的问题是你可以帮忙解决的吗？想想你已经提供的那些产品（或服务），请写出他们帮助你的客户解决的问题。

➔ 如果你目前正在应征其他的企业，那你知道他们有什么紧迫的问题是你可以帮忙的吗？当他们有人打电话说要雇用你的那个时候，到底发生了什么事？这时你就可以肯定，这就是一个很紧迫的问题（当我还是一名独立咨询顾问的时候，我终于意识到自己能帮助客户们解决的那个问题，会让我更加清楚应该去哪里找工作）！

➔ 如果你想将自己推荐给一些大型机构，那会雇用你的这个人有什么需要解决的问题呢？或许你得去组织一个研讨会来提高员工们的士气，但你必须先弄清他们的经理所发现的问题——也许是业绩下滑了。

➔ 想想你之前所做过的最喜欢的项目是什么，它又解决了什么问题？

➔ 如果你的目标是找一份更好的工作（之后我们会详细讨论这一部分），那么这个公司里又有什么问题是严重到要雇请你去做的呢？

➔ 总是要留心观察：是不是有人正在面临着某个问题？他们发现这个问题了吗？那这个问题有没有出现在他们的待办事项清单中呢？

➔ 开始去观察你很赞赏的那些成功企业，问问自己他们解决了什么问题。或许一开始你看不出他们是在解决什么问题，但你还是得去仔细想想。

在第一次接触到这种思考方式的时候，很多人都会去描述对方想要什么，而不是去想他们目前遇到的问题是什么，这就是大家很容易犯的一个错误。如果你喜欢帮助别人致富，那么“想要变得富有”就不是你要找的那个问题，同样“不想变得富有”也不是，它真正的问题其实更像“受够了自己不得不通过长时间的工作来维持生计，而且还没有一个像样的假期”之类的烦恼。所以，我们要寻找的就是人们当下正在经历的某些痛苦，或者不适之处。

或许有些人会认为，考虑这些问题实在是太消极了，甚至还带有几分操纵意味。但事实上，这是更富有同理心的——这些问题都是你的客户（或者支持者）亲口说出来的，而不是从头到尾都用你的角度判断的。举个例子，假如我是那种经常会身体不舒服的人，那当你也说出一些自己生病的经历，比如总是没完没了地感冒等，我就比较容易被打动；如果你说了一堆身体健康的好处，那我可能就没有那么感兴趣了，因为现在的我还很难想象自己也能保持一个理想的健康状态。当然，一旦你成功引起了我的注意，你就可以开始说服我，使我相信你可以帮助我重新恢复健康。

如果你还是很难从客户们所处的消极状态出发，并且总是不自觉地从积极的一面思考他们想要什么，那就问问自己这两个问题：有什么东西是他们真正想要，并且也是你能帮助他们获得的？而现在又是什么在一直阻碍着他们？那这个阻碍就是你真正要解决的问题了。举个例子，假如你是一名私人教练，当你的客户说自己想要变得更加苗条、健康、形体好的时候，这个阻碍（也就是你要去解决的问题）其实是他们缺乏让自己轻轻松松就变苗条的自律能力（或者专业知识）。所以，无论你的工作是什么，请先把客户们的愿望以及他们一直遭遇的阻碍写下来。这样一来，当你与潜在的合作客户交谈时，你往往就会得到更好的结果，因为你不仅清楚他们的愿望，而且还知道是什么在阻碍着他们。

了解你所在的目标市场有哪些亟待解决的问题，是很有价值的。如果你还不知道它们是什么，那就快去做一些非正式的市场调查吧！这个方法可是又简单又奏效的！如果你要向个人进行推销，那就给你已有的全部联系人都发一封邮件，问问他们："目前你所面临的最大挑战是什么？是需要整理杂乱的物品、减肥，还是获得更多的生意（或者其他任何你感兴趣的事）？"他们回复的答案就是无价之宝，因为你现在就会清楚地知道自己理想的客户们有着什么样的烦恼，然后就可以开始帮助他们了。

如果你要向某个组织进行推销，那你最好先亲自见见他们中的一些人，并让他们知道你正在做一些市场调查，然后再问他们：“目前你在自己的行业中所面临的最大挑战是什么？”同样，你不仅可以收获到一些非常有用的信息，而且这种非销售式的方法还会带来一个意想不到的结果——有人可能会主动说：“哦，您现在能过来帮我们解决这个问题吗？”

想要改变世界？

你是否已经受够了做一份自己并不在意的工作？你是否正在寻找一些更有意义的事情？你是否已经明白了世界上总是会有某个地方是你想要去产生一些积极影响的？如果是的话，那就先从一个具体的问题着手吧！它可以是一个很实际的问题：对儿童不友好的餐厅、没有按时按预算完工的公共建筑工程、不便于老年人学习使用的复杂高科技、学龄儿童在学校和家里都出现的糟糕饮食习惯……

它也可以是一个全球性的问题：非节能的家庭供暖系统对全球变暖的影响、世界上还有一些极度贫困的地区仍然缺乏对艾滋病病毒和艾滋病知识的了解、不同的信仰之间仍然缺乏相互理解……

或许，你还可以帮忙解决人类普遍面临的一些挑战：失去亲友、身患疾病、人际关系问题、自卑、抑郁……而我们感触最深的事情，往往都是我们曾经以某种形式亲身经历过的，就像理查德·奥尔德森，他正是想到了自己在职业转型中的艰辛经历，才创办出 Careershifters 公司。

有时候，我们在早年所遭遇过的某些困难，会给我们的人生留下不可磨灭的影响。我们中的一些人可能曾经很穷，也可能生过一场大病，还可能遭遇过亲友早逝的不幸，又或是被我们最重视的人批评过（或者打击过）……那你在生活中曾经遇到过什么困难呢？你想要解决的那个问题，很可能就藏在这些经历当中。

要解决哪一个问题？

到了现在，希望你已经想到了自己可以帮助人们解决的几个问题。那你又要怎么从中选出一个来呢？回答下面的 5 个问题，你就可以做出决定了。

1. 我能一边做自己喜欢而且擅长的事情，一边解决好这个问题吗？如果你的“边玩边赚”之旅才刚刚开始，那么这个问题就是目前最重要的。你得选择去做一些有趣的事。

2. 我的身上有什么是可以给这个问题带来影响的吗？我已经具备了哪些有价值的天赋、技能和知识呢？

3. 对于人们来说，这个问题够不够严重？一般来说，问题越严重，你对它的影响越大，那么你就越有可能因为解决它而获得报酬。想想这个问题是人们会愿意花钱去解决的吗（如果这个问题没有那么严重，那你还可以通过吸引更多的人，并对宣传或者销售其他服务进行收费来赚取报酬）。

4. 目前是否有很多人面临这个问题？我认识这样的人吗？我能接触到他们吗？这一点尤其重要，特别是当你想去解决一个相对简单的问题，比如说无聊，那你就可能需要去帮助很多的人，才会有所回报。

5. 我真的关心这个问题吗？如果你强烈地感觉自己很想帮助人们解决这个问题，那就再好不过了。看看你列出的问题清单，上面的哪个问题是你一看到就想说：“我真的很想为这件事做点什么。”那它就是你的答案了——只要它也同时满足上面列出的其他条件就可以了。

在“玩家宝典”中记下你想解决的问题，但请记住，要想真正地确定出自己要解决的那个问题，还是需要花费一些时间来好好调查一番的。在接下来的几个星期，甚至是几个月里，你都得不断地回想这 5 个问题，那么答案就会越来越清晰了。

一旦你知道了自己要帮助人们解决什么问题，你就只需要去找到他们，并告诉他们你可以帮忙解决问题就行了。而在下一章中，你将会学到如何通过自我宣传来达到这个目的。

玩家小技巧

秘诀五的要点：

➔“玩”着赚钱的秘诀就是帮助人们解决某个问题。

➔ 如果你不知道要解决什么问题，可以问问你的同事（或者打算与之共事的人），看看他们最大的问题是什么。

➔ 如果你想改变这个世界，就要选择一个具体的问题去解决。

目前你应该清楚：

➔ 你能解决哪些问题，以及你最想先开始解决（或是想要进一步去了解）哪一个问题。

10 分钟的玩家养成记：

➔ 想一想有谁正面临着你想要解决的这个问题，并试着打电话约他们出来当面聊聊；找出他们的具体问题，并给出他们乐意接受的解决方案。不要急着向他们推销任何东西！

➔ 试着写出一份对于这个问题的详细描述，以便之后可以放进某篇文章或是博客上供大家了解。

秘诀六

如何宣传自己

我之所以可以成功，是因为我不愿选择默默无闻。

——索菲娅·罗兰　意大利女演员

到目前为止，相信你应该已经知道了要如何在“玩”起来的同时，还能为人们提供帮助。而你现在要做的，就是将这个信息传达给那些需要帮助的人。所以，你就得让自己变得出名，或者至少能被大家所知道。无论是你渴望成为一个家喻户晓的人物，还是只想在自己的领域里受到一定的尊重，你都可以用自己的方式创造出想要的名声。在这一章中，你将会学到如何进行自我宣传，也就是要学会说什么、对谁说、在哪里说、何时说，以及怎么说。

接着，你就会惊讶地发现，自己竟然就出名了！

“欢乐喵星人”（lolcats）网站

“欢乐喵星人”是一个很受欢迎的“喵星人”网站，上面有许多配着搞笑文字的猫咪图片（也被称为“欢乐喵星人”lolcats）。最近，网站的创建者在网页上发布了这么一则消息：

在2007年9月，我们与“欢乐喵星人”携手，一起成立了自己的公司。正是在这个时代最为严重的经济危机开始的时候，我辞掉了自己的工作，选择坐在家里的客厅沙发上运营这个网站。现在，Cheezburger的系列网站已经发展为世界上最大的博客网络之一，而我们的第二本书《如何接管贼个视界》（*How to Take*

Over Teh Wurld)[①] 也连续 4 周都进入《纽约时报》的畅销书排行榜。谢谢你们！正是因为你们的支持，我们才能发展为今天的 20 多个网站，才能让每个月的全球用户总数达到 1100 多万。

对我们来说，今天标志着一个新的里程碑。在刚开始的时候，我们并不清楚自己想要什么，甚至连自己是谁都不知道。虽然现在我们离成功还有很长的路要走，但我们好像明白了自己是谁，以及为什么会走到这一步。我们就想让你和大家、和全世界一起分享你自己的幽默感，分享你自己觉得有趣的东西；我们就想让你每天能够开心几分钟，这就是我们 Cheezburger 的使命……

在这里，我们 Cheezburger 网站的 26 位博主、版主、开发者和员工们，真心地向大家表示感谢，谢谢你们！

本・哈

Cheezburger 网站 CEO

说到这里，我很好奇当初本和他的朋友们是否告诉他们的职业咨询师，说想通过创作一些搞笑的猫咪图片来谋生——如果真是这样的话，不知道咨询师们会有什么样的反应。

无论你对出名的看法是什么，你的成名之路都可能需要一段时间，但是你可以从今天就开始行动。如今的游戏规则已经改变

① 这里的书名被故意拼错成了 Teh Wurld（正确拼写应该是 The World），是为了体现“喵星人”所使用的搞笑文字特点，因此译者将其译为“贼个视界”（正确拼写应该是“这个世界”）。——译者

了，你再也不需要先创造出一件完美产品，然后再向世人分享它。互联网已经改变了一切，现在你可以通过网络随时向世界表达自己的想法；你可以和大家一起分享你做这个项目的过程和成果；你还可以邀请到每一个人来做一点贡献。请把这个项目当作一直在进行中的事情来做，去收获你的支持者，获取有价值的信息，并探索出可以从它身上赚钱的方法。

“永久测试版的人生”

要想成为一名“玩家”，就得像人生指导教练、电影制作人梅丽莎·皮尔斯所说的那样，去拥抱“永久测试版的人生”（life in perpetual beta）。梅丽莎正在拍摄一部纪录片，内容主要讲述了科技是如何让我们过上少一点计划、多一点激情的生活的。而且，她本人也是在通过一边行动一边学习的方式践行着自己的信条。最初，她并没有任何真正的电影拍摄经验。还记得梅丽莎在第一次采访的时候，她点了点头表示赞同作家丹尼尔·平克的观点，却不自觉地让相机也跟着晃了晃。她从一开始就没有制订明确的计划将要去哪里，可尽管如此，她也依旧发展得挺好的。她不仅采访了很多当今科技、商业和创业文化领域里的领袖人物，并且还一边拍摄纪录片，一边将里面的大部分内容免费发布在网上。

此外，这一整部纪录片也少不了社交媒体上人们的参与和支持，无论是众筹拍摄资金，还是征集对下一位受访者的提问，大家都献出了自己的一份力量。现在，梅丽莎正在进行纪录片的剪辑工作，而且还收到了来自得克萨斯州的“西南偏南”

（outh By Southwest）交流会的发言邀请。

即使像谷歌这样的大公司，也会以“测试版”的形式对外发布所有的产品，并在大家的使用过程中不断地进行改进。在趋势研究行业中领先的“趋势观察公司”（Trendwatching）就称这种现象为“永恒主义”（Foreverism）：消费者和企业永远都不会有“已完成”的对话、生活方式以及产品。

对于你来说，这是一个好消息。因为你才刚刚起步，也还不知道自己的项目（或者企业）到底是什么样的。你要去行动、去探索、去实践！去发现自己独特的地方，去创造属于自己的品牌。你还可以到博客上去邀请大家给你一些反馈。而你的想法暴露在大众面前的那一瞬间，它就会发生改变。因此，当你发现别人是如何评价这个想法的真正价值时，它也必须跟着做出改变。

想打造出一个价值10亿美元的品牌吗？那就从写博客开始，谈一谈你的这个品牌的价值在哪里、适合什么样的人、不适合什么样的人。想要策划一次活动吗？那就在网上发布消息，让大家免费来参加你的第一次活动。想要和别人一起分享你的专业知识吗？那就注册一个社交媒体账号，每天向大家分享一些知识。你还可以回答人们提出的问题，并在之后把这些答案汇集起来，编成可以出版的书籍或是信息产品。

无论是企业和客户之间，还是明星和粉丝之间，曾经的单向对话到如今也变成了双向讨论。音乐家莫比就允许人们在线预览他的新专辑，甚至只要能在社交媒体上发布140字符的评论，就可以免费下载专辑的主打歌。作为乐坛新星的英国歌手、作曲家伊莫金·希普，也分享了自己第三张专辑《椭圆》（*Ellipse*）的所有制作细节。希普的推特粉丝人数超过了 100 万，而这些粉丝也通过推特一路陪伴着她，哪怕是在她为了完成专辑而工作到深夜的时候。希普还在声音云上发布了自己一首歌的完整音轨，来让粉丝们添加自己想要的音乐背景。后来，粉丝们创造出了 500 多个版本，还把它们上传到网站上分享给其他人。

在任何一个领域，那些真正的先驱者之所以能够成功，靠的不仅仅是学习，还有尝试和玩耍。想成为一位先驱者、思想领袖，或是真正的原创者吗？也想自己去做点什么，而不是单纯地重复别人的想法吗？那就让你的生活成为一座“实验室”吧！请去不停地尝试新的方法，并仔细观察会发生什么。在这个过程中，你发现了哪些适合自己的事情？又发现了哪些公认的观点原来对自己来说只是一堆废话？请把它们作为“实验笔记”记录在玩家宝典里。现在，再回到上一章中你决定要帮助人们解决的那个问题，请扔掉一切规则，就跟着你的直觉走，去尝试新的解决方法。然后再向别人汇报你的成果，并一起进行讨论。如果你能想出一个新的解决方案，那它将会是一条快速成名之路。

英国的时间管理大师马克·福斯特正在开发一种全新的时间管理系统，叫作“自动对焦”（Autofocus），它只需要一个横格笔记本和几步简单的操作就能帮你管理好所有的任务。在一些线上论坛和社交媒体上，他还邀请大家来参与系统的试用活动，并反馈自己的使用效果。虽然他没有对此收费，但是自己的网站流量却得到了大幅增加。他的博客访问量翻了两番，还曾经一度达到了每月 30 万次的访问量。

迷思 11：我不能把自己的想法说出去，不然就会有人偷走它

你是不是害怕告诉任何人自己对于某个项目（或事业）的打算，以防他们偷走你的主意？可是，想法这个东西远远没有你所想象的那么珍贵。世界上几乎就不存在完全原创的想法，我们大多数的想法都只是基于某个熟知的道理而衍生出来的不同形式而已。除此之外，执行力才是真正重要的部分。以电视真人秀《老大哥》为例，如果有人事先给你介绍了这个节目的策划方案，那你可能就不会认为这是一个好主意了："我们要找到一群互不相识的普通人，再让他们在同一栋房子里面一起生活几个月，并用摄像机拍下他们的一举一动。"虽然这听起来一点都不像是风靡了 60 多个国家黄金时段的热门节目，但它恰恰说明了实际的执行方式是多么重要。每个人践行自己想法的方式才是独一无二的。即便有一些人的想法和你自己的非常相似，他们也不会做出完全相同的成品，这是因为在实际执行过程中，你们看待问题的视野不一样，使用的方法也不一样。

最重要的是，如果你有一些很棒的想法，那会发生的最坏情况无非就是别人偷走了你的好点子，但你还可以想出更多的新点子。然而，将你的想法保密起来的最大问题，就是会失去让别人帮助你的机会。我就常常遇到这样的客户，他们说不能把自己的商业构想告诉我。这让我感到很沮丧，因为当时我是真的很乐意花几分钟时间给他们做一下免费咨询的。

请运用一下常识。如果你现在只有一个想法，而且你也没有任何可以帮助自己实现这个想法的东西（比如，合适的人脉关系、行业知识，或者专业技能），那么当你在和其他更有能力实现这个想法的人交谈时，就要格外小心了。

那么，你已经准备好开始玩这局“成名”游戏了吗？下面的5个步骤可以引导着你去向世界推出（或者重新推出）你自己。请选择你的一个“玩家项目”来按照这几个步骤去做。就算你现在想找一份工作，而不是自主创业，这几条策略同样也是很重要的。事实上，只要遵循着它们，你就可以避开整个非常局限的传统招聘世界，而且还可以找到一个愿意帮助你打造自己理想工作的人（这一点我们会在第九章中继续讨论）。

步骤一：学会包装你的项目

如果你想在这个拥挤嘈杂的全球市场中声名大噪，那你就必须勇敢地站出来，脱颖而出。你要想办法让一切变得更有活力，不要成为一个虚假的人，而是要成为一个更加强大、更加闪亮的人。如果你是一个年轻时尚的独立财务顾问，那你就可以宣传自己是具有摇滚范儿的金融顾问。在一个人人都身穿名牌牛仔裤，留着时髦发型的行业里，如果你是一位理性的担当者，那就给自己买一套条纹西装吧！无论如何，你都要敢于标新立异，去打破自己所在领域的普遍惯例。

要绽放出颜色不一样的烟火，不要融进别人的色彩：你要用一种令人震惊，或者有趣的方式来命名（或呈现）自己的玩家项目（或者事业）。要具有一定的新闻价值：你要从自己所做的事情中找到一个能将它们变得有趣、新颖、好玩的角度。你越是卓越不凡，你的名气就越来得容易。

营销，就是因为过于平凡而交的税费。

——罗伯特·斯蒂芬斯　来自“电脑特工”科技公司

苏菲·博斯的巧克力效应

我们将自己的事业称作“超越巧克力”（Beyond Chocolate），是因为它可以让人们不用再担心吃巧克力长胖的问题；不用再把巧克力当作自己的敌人；不用再认为自己不应该吃巧克力，而只好远远地观望。虽然我们也可以取名叫作“超越花生”“超越薯片”“超越土豆泥”等，但关键在于，这个名字不能那么吓人，而且还得有一定的商业吸引力。事实上，当我们用巧克力命名之后，媒体们就纷纷来采访我们，而不是我们去追着他们转。最后，我们登上了《每日邮报》《星期日独立报》和《观察家报》的封面。

幽默也可以成为你的一个好帮手。一家网站就幽默轻松地引出了一个很严肃的话题：说出你死之后的愿望。其注册页面上的问题包括“你下辈子想成为什么？”和“死了之后你想待在谁的身边？”

展现出你的真实个性，因为人们购买的不仅仅是你的服务或产品，而是你这个人。说出你的真实想法，如果你所讨厌的某件事常常会在这个领域里出现，那就勇敢地将它说出来。这样一来，其他的人也会表示同意，并因此被你所吸引。即使还会有一些不同意你的想法的人，他们也只会觉得你的想法很有趣而已。

我有很多客户都是从一开始就出来创业的。然而，当他们推出自己的网站（或者宣传册）时，我总是会很震惊地发现，他们居然把自己所有与众不同的、特殊的、有趣的和有天赋的东西都从营销内容中剔除了！结果，他们的网站看起来就和其他人的完全一样。显然，这对任何人都没有什么好处。如果真是这样的话，还怎么让你的网站用户来判断他们是不是喜欢你的个性和处事方式呢？想想你身上有什么最为突出的地方——对人友好，厚脸皮的幽默感，绝妙的想法，注重细节——再以此为基础，去打造出属于你自己的口碑，并在营销过程中通过独特的文案和风格将其展现出来。

在这个时代，你所具有的特点和与众不同之处，就是你的最佳“资产”。展现出你不一样的地方，充分利用你的生活经历。在各自的生活中，我们都曾经历过许多挫折、挑战和不幸，而这些事情往往教会了我们很多。因此，要运用你所学到的东西。

除非你将自己的项目做得很出色，不然世界上任何营销方法都帮不了你。你要不断地投入精力去做，直到自己变得很厉害，而且你只有选择了自己热爱的事情，才能够做到这一点。将所做的一切都建立在自己的“闪光时刻”上，那你就能通过口口相传吸引更多的人。而到那时，你的营销方式只需要将自己的沟通渠道正式化就可以了。一定要保证对自己的工作充满热情，因为最好的营销方式就是疯狂地去做自己正在做的事情。

当你走对了这一步，你就会发现自己开始走运了。只要你一路都选择对了，你就会遇到一帮对的人、对的机会来帮助自己进入到下一个阶段。而这就是我所说的“创造机遇”（engineering chance），只要你睁大眼睛，就能发现它。

当你总是精力充沛时，你就会吸引其他的人和机会。而当他们出现的时候，请向他们收费吧！

——斯图尔特·王尔德　已有18本著作的作家

很多人对营销都有一些负面想法，他们认为营销就是用虚假的东西去欺骗人们，可它不一定是这样。当你想要让人们与自己建立起某种关系，无论是个人关系还是商业关系，他们都需要经历先了解你，再喜欢你，最后信任你的过程。而营销，顶多就是能让这个过程变得更容易发生的一系列策略而已。

有一个非常有用的方法能够帮你进行营销，那就是讲一个好故事。

故事的力量

永远不要低估一个好故事的力量，不论它是关于你自己、你的艺术，还是你的项目或事业。

正是因为一个好的故事，才让亚历克斯·图成为百万富翁。

回溯到2005年，21岁的亚历克斯还是一名学生，即将进入诺丁汉大学开始为期3年的工商管理课程的学习。但是他很担心自己欠下的学费贷款可能要数年之后才能还清，所以他就开始想办法在互联网上赚钱。

他想出来的主意非常简单。他决定创办一个网站，并将网站首页划分成1000×1000像素的网格作为广告位出售。网格的购买价格为每像素1美元，买家们以10×10像素为基本单位进行购买，然后在上面添加自己的商标或者广告图片，甚至还可以在图案上放一个自己的网站链接。如果亚历克斯能把所有的像素都卖出去的话，他就会成为百万富翁。

2005年8月26日，“百万美元主页”正式上线，就立即引起了大家的关注，还曾一度跻身于全球访问量最大的150家网站之列。

但是，究竟是什么让这个网站大获成功呢？那就是“故事”的力量。

关于一名负债的年轻大学生如何在互联网上赚到100万的故事，这正是全世界成千上万名记者想要报道的东西。当这个故事一次又一次地被曝光在报纸、杂志和网络上时，越来越多的人就会去访问这个网站（尽管这个网站本身看起来不是那么吸引人！）。又因为很多的人前来访问这个网站，所以大家就都想来购买像素广告位宣传自己的产品。

最后，亚历克斯成功地卖掉了所有的像素位，扣除用来创建网站的50美元，他的总收入是103.71万美元。而这就是一个价值百万美元的故事，那你的故事呢？

掀起一场“运动”。当你对自己所做的事情抱有足够的信心时，它就会变得强大起来——它不仅是一项事业，还是一场运动。在你的工作领域里，你最想要改变什么？只要坚持做下去，你就会吸引一群拥护者和支持者。而这些支持者又会不断地吸引来更多的支持者，他们很有可能就是你以后的潜在客户了。

接受自己心里的“怪咖”。“玩家们”通常会对自己最感兴趣的话题充满热情，甚至有时还会感到愤怒，或许是因为一次糟糕的印刷排版、烤焦了的咖啡豆、一件不合身的内衣。大多数人可能会觉得你所在意的东西非常奇怪，但是，可能也有挺多的人会像你一样在意这些东西，并被你的热情所吸引。在网络出现之前，这种情况可能不会发生。但是在今天，一切皆有可能。即使你的关注范围非常狭窄，你也可以找到和自己拥有相同兴趣的人。用漫画家、作家休·麦克劳德的话来说，你要去创建属于自己的“全球微品牌”（global microbrand）。

伊甸园工程

位于康沃尔的伊甸园工程自建成以来，就吸引了1100多万名游客。可是，当蒂姆·施密特——曾经作为一名词曲作家和音乐制作人，说要把位于英国偏远地区的一个废弃陶土坑变成世界上最大的温室时，很多人都说这是绝对不可能的。我问了蒂姆是如何确信自己可以做到的：

自从我开始做音乐起，我就明白，如果你喜欢某样东西（只要你不是怪胎），那就会有成千上万的人也像你一样喜欢它。所以唯一的区别就是，你要去拿下它。而这就是成功营销的基础所在。所以，我从来都没有怀疑过自己。

步骤二：找到你的沟通渠道

你的下一步，就是要找出能够和自己的支持者、客户沟通的一条渠道（或多条渠道）。在这个时代，以很少的成本，甚至零成本的方式就可以与一群人进行沟通，这实在是前所未有的容易。所以，赶快开始你的项目，去找到你的支持者们吧！

你想让一群人迫不及待地等着你的最新消息，并准备买下你推出的产品吗？那么你的中长期目标就是建立一个“粉丝群”，并让自己可以与他们进行联系，分享你的建议、想法和消息。而你能否达到这个目标，将决定你自己“边玩边赚”的成与败。想象一下，现在有 1000 名粉丝订阅了你的消息或博客，那当你发布一个新产品、一本新书或一张新专辑的时候，他们就能派上用场了。如果你给他们发送消息说，你的新作品已经推出了，那你很可能马上就会卖出一些作品。再想想，如果你现在有了 1 万名粉丝的话，那就真的变得很有趣了！虽然建立一个粉丝群需要投入很多时间，但就像通过储蓄来获得利息一样，是需要慢慢累积的。所以，赶快开始去建立你的粉丝群吧！

现在你可以通过许多渠道与人们获得联系，从一封简单的电子邮件到更具有互动性的社交媒体和博客，都是非常有用的。甚至还有一些专家认为，任何没有涉及社交媒体的企业都是无法长期生存下去的。虽然这个主张似乎有些大胆，尤其是在你还认为目前的社交媒体都是在过度炒作、浪费时间的情况下，但我打赌，你一定也使用过这些社交媒体，即使你没有意识到：你曾经读了一条亚马逊的评论之后，就决定购买某个商品；你发现了一个很厉害的视频，但只是因为它被自动链接了你之前看的那个视频，又或是你偶然发现了一篇很有趣的文章，但没有意识到它原来是一篇博客帖。而这一切都才刚刚开始，社交媒体在之后将会成为互联网无处不在、不可或缺的一部分。

你可以使用社交媒体来吸引粉丝、宣传你在做的事情、获取信息和反馈，甚至还能让人们以新的方式来使用你的产品。当你的方向走对了，你就会发现都不用你亲自出马，就可以让别人宣传你、你的项目和你的事业。

真实和诚信是流通的“新货币”。如今，每一个人（下自屋顶工人，上到空乘人员）都能知道和你合作是一种什么样的体验，因为与你有关的一切都会被公开在网络上。现在实时评论越来越流行：人们可以在你的会议或演出过程中使用社交媒体对你进行评论。正如最近的一些大公司意外地发现，他们再也不能指望欺骗客户，并逃脱相应的惩罚了，而聪明的公司则已经开始在社交媒体上关切地回应消费者们的抱怨了。现在的趋势是一切透明化：我们都可以了解到伦敦市长的日常生活了，或者是曾经在 100 英尺以内都无法接近的摇滚明星的动态。

而问题就在于，你自己想用什么样的渠道来开展自己的项目？请继续往下读，你会了解到一些很好的选择。

邮件

人们能在网上与他人沟通的第一种方式，当然就是电子邮件了。如果你的邮件通信录里存着一些对你的工作感兴趣的人，那是非常有用的。去建一个专门的通信录，并使用某种实时通信系统来帮助你管理邮件数据和发送时事通信（千万不要用你平常使用的邮箱同时抄送邮件给数百人），而推送效果应该要像在网页上弹出一个客户注册框那样的才行。你还可以给你的粉丝或潜在的客户提供一些有实用价值的东西，比如一篇有用的文章指南，以换取他们的邮箱地址。这样一来，你就可以每隔1—2个星期给这些订阅者们发送时事通信，为他们介绍一些有用的东西。在必要的时候，你还可以在邮件的末尾附上一个链接，供大家去了解、购买你的产品。不过，你还要确保人们可以随时取消对你的邮件订阅，而且在未经他们允许的情况下，你也绝对不能擅自在群组通信录里添加任何人——这是很不礼貌的。

既然我们说到了电子邮件，那就不得不提一下你的邮箱地址：不要使用免费邮箱来经营你的事业——这样的邮箱名看起来很不专业。其实，最好不要使用任何互联网服务商提供的电子邮箱，因为之后你很可能会换一个提供商，那就只能弃用这个邮箱了。因此，你应该自己注册一个域名，这样你的邮箱地址就会变成你的名字@你的事业.com（如果你已经有了自己的网站域名，那就用这个域名去注册一个邮箱吧）。

从今天开始，赶快去添加你的邮箱联系人吧！一定不会让你后悔的！

博客

对于任何一个项目来说，写博客都是一个很有用的工具。它可以让你表达自己的想法，并与你的读者、客户们进行互动。有的时候，它还能给你带来一些很好的机会。

格蕾丝·邦尼在5年前创建了自己的博客“创意海绵”（Design Sponge），那个时候她还做着一份公关工作。如今，这个网站可以为大家提供城市购物指南、食谱和手工创意，也成为格蕾丝的全职工作。她从一个免费的博客网站开始做起，而到现在平均每天都会有4万名全球读者。她和其他13位自由职业者一起经营网站，并利用出售广告位来赚钱。

凯瑟琳·桑德森是热门博客“小小英国人”（Petite Anglaise）的作者，该博客主要讲述一个英国人在巴黎的生活。有一天，在读了《卫报》上的博客指南后，凯瑟琳就心血来潮地很想创建一个博客。几分钟后，她就在谷歌的博客平台上创建了自己的博客网站。她一边做着秘书的工作，一边写博客文章，后来就有出版商想用她博客上的文章出版一本书，她便签下了价值40万英镑的合同。最近，她的第二本书《法式接吻》（*French Kissing*）也出版了，但她说：“如果我当初没有开始写博客，那我永远想不到自己竟然会成为一名作家。”

像凯瑟琳这样因为写博客而获得出书机会的人还有很多，包括苏茜·布伦特，她的博客“Nee Naw”主要讲述了自己在伦敦急救服务中心里当一名调度员的故事；格雷琴·鲁宾，她在博客“幸福计划”里记录了自己是如何花费一年时间去测试所有的幸福理论（无论是新理论，还是旧理论），看看究竟要怎么做才能让自己变得幸福；还有茱莉亚·鲍威尔，她不仅因为自己的博客获得了一份出书合同，甚至还得到了一份电影合同。在其博客“朱莉/朱莉娅计划”中，她记录了自己逐一尝试《掌握法国菜的烹饪艺术》里面所有菜式的料理过程。后来，她出版的书还被改编成了电影，也就是2009年由艾米·亚当斯和梅丽尔·斯特里普主演的《朱莉和朱莉娅》。

当然，这些例子都是很特殊的。实际上，大多数博主都没有因此而成名或是大赚一笔。可是，你写博客并不是为了赚钱，而是因为你自己喜欢（讽刺的是，这样你就更有可能出名）！就算世界上除了你和妈妈之外，就再没有人想要阅读你的博客，但当你在一两个月内写出10篇博客之后，你对于这个主题的有关知识就会得到积累，你的写作能力就会有所提高，而你对这个主题的思考也就会更进一步。如果你的博客不仅有趣，还有独特的角度，你会发现当你在“玩”博客的时候，大家就都会来关注你了。

目前，每天新注册的博客账号已经超过了10万个，而博客发布数量更是达到了100万—200万之多。那么，你究竟怎样才能写出有新意的东西呢？你并不需要担心，其实当你在用自己的语言写作的时候，你就已经是独一无二的了。你要相信，这世上再也不可能会有另外一个和你的天赋、才能以及经历都完全相同的人存在了。如果你用自己的风格创造出了优质的内容，那你自然就会吸引到与你产生共鸣的读者了。

与创建自己的网站相比，博客也是一种更为快速、简单的方式。事实上，它会比一个一成不变、令人乏味的静态网站要好得多。在一些顶尖的博客平台中，你可以选择用“博客 + 网页”的混合版式来创建自己的博客，同样，它也可以作为你的一个主页网站使用。而这样的做法，比起分开创建一个网站和一个博客，然后再让人们到两个不同的地方去查看内容，实在是要好得多了。因此，我才常常建议人们用这种方式来创建自己的第一个网站。首先，你要到一个流行的博客平台上，去进行免费注册；而喜欢你的博客的人就可以通过订阅的方式获取你之后上传的所有文章。

感觉写博客工作量太大了？

那你可以尝试一些更简单的形式，比如 posterous（一种更简单的博客）或 tumblelog（可以罗列一些简单的图片、视频和句子引用）。这两种微博客都可以很好地编辑你喜欢的图片和发表一些简短的评论——如果你对广告、摄影或任何设计感兴趣的话，它们都会是理想的选择。

脸书上的群组和粉丝页也可以用来建立一个分享社区。在这个社区里，志趣相投的人们可以一起分享图片、想法和视频，还可以进行活动推广；或者你也可以免费创建自己的私人社交网络，它的功能也几乎完全相同。这就意味着，你可以为像你一样的电子乐爱好者，或是拉布拉多小狗的主人们创建一个功能齐全的私人社交网络，而用户们就可以在这里上传图片和视频、写自己的博客、一起聊天。

在当前的社交媒体网络中，推特成为大家的首选。它是一个可以让用户更新不超过 140 个字符消息的微博客平台，是一个可以让大家分享建议、幽默或八卦的好渠道，也是一个可以让你分享自己的专业知识，并让其他人参与讨论的开放平台。而你在这本书里面读到的很多内容，包括“玩家”的采访问题、案例研究和一些有趣的文章，也都是推特上的用户们提供给我的。

或者，你还可以利用推特来让人们开怀一笑。贾斯汀·哈尔彭在28岁的时候选择了搬去和父亲一起住，虽然这听起来不是什么成功的好兆头，但贾斯汀却将其变成了自己的优势。他的父亲已经是73岁高龄了，但是父亲脾气暴躁时的咆哮实在是太令人震惊、太好笑了，所以他就决定在推特上与大家分享。贾斯汀每天都会在推特上发布一小段和父亲的谈话视频，其中也包含了他对生活的一些看法，也很坦诚、直率。到现在，贾斯汀的推特账号已经有了100多万的粉丝，他不仅获得了一家大型出版社的出书合同，而且还收到了一个电视节目的邀请。

视频

如果你觉得自己更擅长说话，那为什么不试着拍视频呢？拍摄视频所需要的东西不过就是一台有内置摄像头的笔记本电脑或是一台摄像机而已。然后再点击几下，你就可以把自己的摄制成品上传到社交媒体上供大家观看了。

没错，人们往往是因为自己的喜剧天赋，或者创作歌曲的天赋而被人发掘，然后就得到了唱片合约和电视演出的机会。但是，你也照样可以用拍摄视频的方式来宣传自己。

美国“柏兰德”搅拌机品牌的执行总裁汤姆·迪克森创建了网站“这能搅碎吗”。这个网站上面发布了一系列“柏兰德”搅拌机做搅拌实验的视频，为了证明这些搅拌机出色的搅拌能力，汤姆所选择的被搅拌对象全是一些正常情况不会用来搅拌的物品。迄今为止，被搅拌的物品包括高尔夫球、灯泡、摄像机，还有手机。这些视频在网上迅速走红，而汤姆也出现在了美国的国家电视台上。正如他自己所说："在短短的几天内，我们的视频就有了数百万的浏览量，这场宣传活动几乎是在开始的那一瞬间就立即获得了成功……'这能搅碎吗'网站对我们的企业和零售产品都产生了惊人的影响。"

如果你害怕镜头的话，那就试一下做播客音频吧！在你的电脑录上一段 2—20 分钟的音频，然后再把它上传到你的社交媒体上，完成整个过程。

如何在一个下午的时间里出版一本书、主持一个广播节目，或创办一个自己的电视台？

现在，对于所有传统的大众传播方式，你都能在网络上找到可以自己进行操控的替代物了。再没有什么能够阻碍你和粉丝们交流，你也再不需要通过上广播节目或是出书的方式来拉近自己和他们的距离了。既然我们已经有了网络媒体，那就去充分利用它！如果你尝试过的话，我相信你一定会大吃一惊，自己竟然可以在一个下午的时间就利用网上很实惠，甚至免费的服务做到这么多事情。

自己主持一档节目：在社交媒体上注册一个账户，你就可以开始做个人演讲，直播听众来电，或者邀请自己很欣赏的人接受采访。人们可以在网上在线收听你的节目或是之后点击进你的博客收听回放。

自己创办直播视频：创建一个属于你的直播视频，并给它起一个名字。为了充实你的电视节目播放表，你可以从电脑硬盘里上传一些视频，或是直接从其他网站上转载几个视频，这样它们就会全天循环播放了。记得加上你的直播标志设计，并在屏幕底部插入字幕，再按下“发送”按钮，你的直播节目就会在世界各地的网络上进行直播，供所有的人观看了。要是还能连接上一台摄像机，或者直接站在摄像头前，按下“直播中”的按钮，你就可以在直播里和观众们见面了。

无论你想做什么，总是会有办法能做到的：喜欢摄影，那就在博客上分享你拍摄的照片；喜欢音乐，那就在网上与听众进行分享；想组织一次活动，那就通过网络找到参与者；想从事进口贸易，那今天就开一家网络零售店吧！把你的作品上传到网店，让全世界的买家都能立即看到你的设计，比如T恤、马克杯、笔记本、日历或时钟等；喜欢手工制作，那就把你的手工艺术品放到网上出售。因此，无论你想做什么，都能在某个时间里启动自己的第一步。那你还在等什么呢？

请决定你将使用哪一种方式去开展自己的项目，如果现在你的脑子里塞满了各种各样的选项，那就干脆简单一点，直接写博客吧！反正之后你可以随时再添加其他的方式。

步骤三：你的目标受众是谁？

当你要推出自己的项目时，先想想你的目标受众是谁，因为他们才是最后为你的产品买单的人。当你还在思考要去吸引什么样的消费者、客户或粉丝时，就应该将目标锁定在自己真正喜欢的那些人身上。

你是否尝试过将自己的产品（或服务）卖给一个根本就不愿意浪费时间搭理的人？反正我有过，而这样的做法通常都是行不通的。哪怕你真的销售成功了，那也只是和一个自己都不愿意与之来往的人建立了商业关系而已。当你看自己的日程安排时，你应该有这样的反应："太好了！我很期待明天能见到他们！"

就算你只是单纯地将产品卖出去，之后也不会再和客户说一句话，那也最好将产品卖给那些会重视你的付出、会好好地使用它、会真诚地给予你反馈的人，并避开那些只会没头没脑地抱怨的人。

请你想想到底最想将自己的产品（或服务）卖给什么样的人？当人们被问及这个问题时，大多数人都会从人口统计学的角度来考虑——他们的年龄、性别、从事什么行业，而对于那些想向公司推销的人，就会考虑其公司的营业额是多少？属于什么领域？

但是，由心理统计学的角度去考虑也是同样重要的：他们有什么价值？他们想从产品中得到什么？你想把产品卖给那些脚踏实地、朴实无华的人，还是那些走在潮流最尖端的人？你喜欢那些会欣赏生活中的美好事物的人，还是那些喜欢物有所值的人？请想一想这些问题，并在玩家宝典中写出你的答案。

现在，根据你写出的答案，再来想象一下你理想中的客户（或者消费者）会是什么样的人？他可能是你认识的人，又或者是某个你想要一起共事的人，请在玩家宝典里详细描述出来。如果你想到的是某个特定的人物或公司，那就从网上打印出他们的照片，贴到你的玩家宝典里。当你写博客或是发送时事通信时，就要记得考虑这个理想的人选。

不过，这不就意味着你会将一些人排除在外了吗？这难道不是一种很愚蠢的做法吗？但是事实上，你可能已经成功吸引了某一类型的客户（或消费者）。而我所能建议的就是，你应该更加注意这一点，因为这样你才能够保证自己所展现的东西和宣传内容是一致的。

我们在这里讨论的，其实就是如何进行小众营销。营销就像谈恋爱，你不可能吸引到所有人，哪怕是乔治·克鲁尼，也会有一些女性避而远之。所以，相比起让很多人喜欢你，倒不如让一小群人对你死心塌地，因为只有他们才会心甘情愿地把辛苦赚来的钱掏出来给你。

此外，在小众市场里也更容易打响名声。想要出名确实是一件需要投入很多时间和精力的事情，但如果在一个相对狭窄的圈子或商业领域里，这件事就会变得更加容易、快捷和省钱。况且，你也还可以在这个小众市场里继续提供一系列产品（或服务）。

最近，我去参加了一场社交活动。当时，现场有一位印刷工站了起来，对活动场所做了一分钟的相关介绍，然后说："不管是谁，我都愿意为他做任何事。"你觉得这句话能够吸引大家吗？回到谈恋爱的那个比方，如果你是单身，然后这时候有个人走过来对你说："其实，不管你是谁，我都愿意和你开始一段恋爱。"你觉得这句话能吸引你吗？是不是觉得有些绝望？因为人们都喜欢专业的人，如果你发现有人一门心思要做的事就是专门解决你现在所遇到的问题，你难道不想和他聊一聊吗？

如果你才刚刚起步，那就可能还需要一些时间才能找到自己的理想客户和目标市场。你得在不同的项目中，在和不同的人接触的过程中不断实践，总结规律。如果你创业已经有一段时间了，那就想想你最喜欢的是哪一个项目？哪一位客户？你还能做更多类似的项目，认识更多类似的客户吗？

如果你还在为缩小受众范围而担心，那你就得明确了，其实你本来就不需要那么多的客户。当你在提供某项服务时，你并不需要全世界的人都来购买你的时间，而是有足够的人来买单就行了。而且，这些"足够"的人数可能还要比你想象的少得多。就像那些承包商，只要能有几个长期合作的客户就可以发展得很好了。

即使你想成为一名艺术家、音乐家、工匠或者一个销售信息产品的人，与其把精力放在一大群对你只有一丁点儿兴趣的人身上，还不如好好去抓住那一小部分为你疯狂的支持者们（他们会买下你所有的作品），因为这样你才可能发展得更好。

步骤四：开始你的对话

如果你已经选好了自己的沟通渠道，也明确了自己的目标受众，那要开始怎么做呢？你的第一篇博客帖子、第一封时事通信或第一个视频要能阐释出你将以怎样的角度去探讨你选择的某个话题，请用你最自然的语气把这一点表达出来，没有必要使用很正式的商业用语；内容要简短，你的文章或视频越短，人们越愿意看，你会发现，那些最受欢迎的博主有时就只在自己的博客里附上一个视频，或者一条链接，然后再添上一句话解释它为什么会好玩就足够了。在你的文章或视频的最后，请记得让大家给你多多评论，或者给出建议。

接下来，你所要做的就是定期发帖或发邮件来巩固你在粉丝心中的地位。这件事需要你的坚持不懈，而这也是为什么你要选择自己真正感兴趣的事情的一个重要原因。我有一些客户明明只在两年前见过我一面，却报名参加我的工作坊课程，原因就在于他们每个月都会收到我发送的邮件。要是我没有定期发邮件给他们，他们还有可能会记得我吗？

不要只是发一些促销优惠的消息，而是要传达真正有价值的内容！如今的互联网上已经有足够多的垃圾邮件和促销广告了，所以你要做信息传播的“信号增强者”，而不是“噪声制造者”。你可以向订阅者们推送一些新闻消息或专家建议，和他们一起互动，向他们征求意见，或者在线回答他们的问题，举办一次比赛等。你还可以把自己在上一章里想要解决的那些问题拿出来，问问他们有什么可以分享的经验或解决方法。如果你已经想到了解决办法，那就不妨和大家分享一下。你还可以去采访某些在自己的领域中很有趣、很有名的人，这样也能制作出一些很棒的内容。不要害怕把自己最好的想法和内容分享出来，你并不会因此而弄砸自己的事业，相反，你会吸引更多的人！

当你准备好了这些内容后，又该如何让大家主动来看呢？虽然这是个很复杂的问题，但在某种程度上，它是会随着你对自己选择的主题所表现出来的“热情”而逐渐产生变化的。能够让你的博客或网站的浏览人数增加的方法包括：找到和自己的主题相关的其他博客帖，留下你的评论；转发一些相关的博客（这些博主们有可能会开始注意到你，然后再来看你的博客）；转发一个很火的视频；在那些访问量很高的网站上留下你的链接；在知名网站里留下你的链接（你的网站也会跟着变得有名，所以在搜索结果里出现的频率就会变高）；在你写的文章里面附上自己网站的链接，然后再把它上传到写作分享平台；帮别人写博客和电子时事通信；转发自己的博客文章等。不过，最为重要的是，你必须要创作出值得人们阅读、观看的好内容——这需要持续不断的练习、坚持和热情。

步骤五：“诱惑”的艺术——如何让你的粉丝成为顾客

现在，你已经成功地和自己的目标受众开始对话，那接下来又要如何吸引他们来购买你的产品或是雇用你呢？首先，你要从他们的角度来考虑问题。刚刚开始创业的人往往喜欢谈论自己是如何工作的，或者自己的产品有什么特色，但是对于顾客来说，这些话题并不是那么有趣。他们更感兴趣的是，自己能够从你的产品（或者服务）中得到什么好处、收获什么效果。不过，还有一个更厉害的办法可以让你一下子就吸引他们的眼球，那就是谈一谈你认为他们所面临的问题。

在广告界有一句经典名言是这么说的：“了解你的潜在顾客的内心对话。”[①] 顾客们的内心对话往往是一些最让他们感到心烦的事情：“我什么都试过了，但还是治不好自己的背痛。”“为什么我就找不到一台容易操作的电视机呢？”“这些按揭贷款可真把我愁死了！”“为什么所有的领带设计都这么毫无新意？”所以，如果你的博客或通信稿的内容可以帮助大家解决这些问题，那你就成

---

① 原文“Enter the conversation already going on in your customer’s head”是美国著名的广告文案撰写人罗伯特·科利尔（Robert Collier）在《罗伯特·科利尔信书》（*Robert Collier Letter Book*）中提及的营销策略。——译者

功吸引他们的注意了。

不过，就算你成功地引起了他们的注意，也不要妄想一下子就能把他们变成你的买家。还是回到谈恋爱的那个例子，你是不可能贸然走到一个陌生人面前说："你好，我觉得你长得很好看。那你想和我结婚，然后生 3 个孩子吗？"在商界也是如此，你不能指望陌生人一下子就变成买家，相反，你要一步一步地去和他们建立更加深入的合作关系。

他们一开始可能会先看看你的博客，然后为了获得一份你的免费指南，他们就会愿意把自己的邮箱地址告诉你；如果他们挺喜欢你的内容，就可能会花点小钱买一个小产品或试用品尝尝鲜；在这些人中，还有一部分人会继续从你这里购买更加昂贵的东西，或者直接雇请你为他们服务。

在这场"诱惑大戏"的每一个阶段，你都要明确自己想让这些"猎物"下一步做些什么；在一声令下"行动开始"之后，就让他们做出相应的行动。当有人浏览你的网站时，你希望他们下一步做什么？让他们立即打电话联系你实在是太过唐突了，也许下一步最好是让他们把自己的邮箱地址告诉你，这样你就能把他们添加到你的邮件通信录了。然后，你就可以给他们发一封电子邮件，说你准备举办一场免费演讲。就像这样，一步一步地让他们向你靠近。

你想让他们做什么事情，那就把这件事情表达清楚。如果你发邮件说"保持联系"，那就太含混不清了。你是想让他们给你发邮件，还是打电话？所以，你应该在邮件的末尾写清楚"请给我打电话，我的号码是……"接着你就会惊讶地发现，像这样一件简单的事竟然能让你获得如此大的成功。最近，我们当地的一家独立电影院为了进行重新整修而四处筹款。我偶然碰到了影院的经理，才得知他要在两个月内想办法为影院筹到 14 万英镑。然后，我马上就去他们的网站主页看了一下。可是，呼吁大家来捐款的通知在哪里呢？原来捐款通知是用很小的斜体字写的，还和其他 5 篇新闻报道一起挤在了一个小框里，彻底地被淹没了。后来，经理接受了我的建议，在网站的顶端加上一条醒目的标语。因此，你想让别人做什么，你就得尽可能明白地告诉他们！

步骤六：如何解决争议

要听从自己的看法，做好不会受大家欢迎的准备。

——亚伯拉罕·马斯洛　美国心理学家

一旦你敢于表明自己的立场，不愿再做一个默默无闻的人，那就不要太惊讶自己会惹恼一些人！事实上，如果这种情况没有发生的话，那只能说明你太过保守了（尤其是当你还在试图改变自己的现状时）。记住这句话：要想让一部分人开心，就得让另一部分人不开心。当你还没有长出棱角时，没有人会朝你生气，而一旦你已经有了自己的形状，你身边的人就会自动分成两类——支持你的人和反对你的人。

雷·查尔斯[①]曾说，他的母亲给了他两条很好的建议："永远做自己"和"不是每个人都会喜欢你"。不管你选择什么话题，秉持什么立场，总是会有人不喜欢的。我就见过人们在各种各样的话题上愤怒地攻击别人，没有人是可以幸免的，所以，你要学会接受，这就是"玩家"生活的一部分。

---

① Ray Charles，是美国的灵魂音乐家、钢琴演奏家，也被称为美国"灵乐之父"。——译者

每个人都有不认同你的权利，而比较麻烦的是，有人会滥用这个权利来对你进行人身攻击。因此，如果你明明没做什么，但某个人的反应却非常激烈，那就告诉自己，这个人说的话和我没有什么关系，我可能只是刚好触发了他的情绪炸弹而已。

如果有人对你进行了很恶劣的人身攻击，那最好的回应方法就是忽略它。不要让自己陷入任何的争论，或者自我辩护中，因为你所投入精力去做的事情都会继续发展下去——不要把你的精力分给“冲突”。一旦我们把负面反馈放进了脑子里，那所有的正面反馈就会从我们身边溜走，而这对所有人来说都会是一种危险的状态。所以，这个时候你就应该去做相反的事，去收集别人对你的赞赏、鼓励和表扬的评论。

到目前为止，你已经知道如何吸引自己的粉丝了，而在下一章中，你将会学到如何提供让粉丝们无法抗拒的产品（或服务）。

玩家小技巧

秘诀六的要点：

➔ 学会包装你的项目，敢于标新立异。

➔ 利用先进的沟通渠道与目标受众建立联系。

➔ 描述出你的理想客户。

➔ 和目标受众交流互动，并保持联系。

➔ 进一步让你的粉丝成为你的顾客。

目前你应该清楚：

➔ 你要选择哪一种沟通渠道。

➔ 你的理想客户是什么样的人。

➔ 你可以创作出什么样的内容。

10分钟的玩家养成记：

➔ 注册一个博客账号，或者用来发送时事通信的邮箱。

➔ 如果你已经有了相应的账号，请跟着步骤四开始写一篇博文或者消息推送出去。

秘诀七

如何创造出让人无法抗拒的产品

世界上寿命最长的公司，往往是那些知道自己可以为世界带来哪些独特之处的公司，而他们的独特之处并不只是自己的成长或者金钱，而是他们自身的美德，对他人的尊重和让人们快乐的能力。有人将它们称为灵魂。

——查尔斯·汉迪 英国著名管理思想大师、作家

你现在已经知道要如何使用最新的网络手段来宣传自己，也明白了要如何确定自己的目标受众。而现在的问题是，你要给他们提供什么？在秘诀五中，我们已经知道了明确自己要帮助人们解决的问题是多么重要，所以本章内容会帮你一起去找出这些问题的解决方法，以及它们适合的呈现方式。一旦你解决了这些问题，你就会知道要提供什么才能让自己“边玩边赚”了。接下来，让我们先来看看英国的 The Money Gym 公司是怎么做的：

The Money Gym——百万富翁的“健身房”

The Money Gym 是由尼古拉·凯恩克罗斯在 1999 年创立的公司，后来朱迪思·摩根作为商业伙伴也跟着加入。正如尼古拉所说：

The Money Gym 的宗旨是让普通大众弄清楚金钱在财产、股票、互联网和商业中的关系，主要包括金钱是如何进行运作的，自己如何才能自力更生、实现财务自由，以及在没有一份正职的情况下如何维持自己的金融信用，并保证将来的稳定收入。

当我第一次产生这个想法的时候，我已经开始以自己的名义

做一些财富管理培训工作了，但是我还想把它整合成一个为期1年的项目，能够让客户们都参与进来。此外，我也想重新创建一个主题更加突出，而不是和我自己有直接关联的品牌，因为这样的话，我就可以随时把它转卖出去了。

当我一有了这个想法，就立即写了一封推销函（非常清楚地表达了我要向谁提供什么，以及可以获得的利益）。然后，在去接孩子放学的路上，我便在购物车里面添加了一个“我要参加”的按钮，把它们一起用邮件发送出去。我准备了5个名额给前5位报名的申请者，可当我回来看的时候，也就是大约1个小时后，居然已经有了27位申请者！

我们常常会讨论的问题是：“也许你现在可以挣很多钱，可一旦你停止工作，是不是就没有收入了？”在我们的会员当中，女性占了大多数，她们似乎都非常关心经济独立的问题，因为她们自己不想依赖男性。此外，大家也很担心养老金的问题，现在的养老金数额不尽如人意，一旦退休很可能就意味着贫困潦倒的生活。

而我们的解决方案就是，根据每一位客户目前的情况、现有的资产和掌握的技能（或能力），对他们进行评估，然后再帮助他们制订相应的计划，最后再按照计划开始行动。对我们的客户来说，这就是一个三步走的过程：首先要获得财务的控制权，其次再赚取更多的钱进行投资（并提高生活质量），最后获得财务自由。

目前The Money Gym的会员已经超过了1000名，根据会员的不同级别，他们每月会上缴27.5英镑到479.5英镑不等的会费。在公司经历了这么多年的发展之后，尼古拉说道：“我们已经打造出了至少20个百万富翁，同时也帮助许多人获得了财务自由，所以他们只在自己愿意的时候才会去工作。我和朱迪思都非常热爱我们所做的事！”

“边玩边赚”就是让你一边做着自己真正喜欢的事情，一边去创造出大家愿意买单的东西。而你现在的任务，就是要找出自己到底可以为大家提供什么，而人们真正想要的就是能够帮助他们解决问题的那个办法。所以，回头看看你在秘诀五中列出的问题清单，想想自己能够用什么来解决这些问题，或者至少能在某种程度上有所帮助？对于面临这些问题的人，你能承诺自己的解决方法一定会有什么效果吗？请记住，当人们来购买你的产品（或服务）时，他们真正想要购买的，是其最后会产生的效果。

人们不是想买一个直径为1/4英寸的钻孔机，而是需要一个直径是1/4英寸的孔！

——西奥多·莱维特　哈佛商学院营销学教授

当你越明确自己的产品（或服务）能产生什么样的效果，顾客们就会越愿意为此掏腰包。举一些例子：如果你是一位网络虚拟助理，那你要解决的问题就是客户们忙到无法合理安排自己的各种商业会谈和销售会议时，你刚好就可以代替他们做好这一切。对你的客户而言，雇请你的结果就是让他们能腾出时间去开展更多业务，赚更多的钱。

如果你是一名催眠治疗师，那你可以帮助人们解决的常见问题就是飞行恐惧。而雇请你的结果就是，他们终于可以搭乘飞机去更温暖的地方度假了，不但可以享受旅行过程中的乐趣，而且下飞机的时候也会觉得很轻松。

如果你是一名博主，会专门写一些关于巴厘岛风格的室内设计方案，并进口相关的工艺品和家具，那你就可以帮助那些喜欢巴厘岛风格的设计，却不知道要怎么装饰家的人。这样一来，你的读者和顾客就可以使用一些西方罕见的装饰品打造出一个漂亮的休息室或卧室。

你的产品（或服务）所产生的作用越大，并且对解决某个问题的帮助越大，那你就会越有价值。而你的价值越高，你的报酬自然就会越高。如果你想要解决的问题是人们在工作时感到的无聊，那你就可以写一个有趣的博客让人们笑上几分钟——在这种情况下，你就有可能从每个人的身上赚到一小笔广告费；或者你还可以为大家提供一些 很有趣的工作，让他们能从现在的工作中解脱出来——在这种情况下，你就可以赚到上百或上千英镑的中介费了。

如果你已经知道了自己的产品（或服务）会产生什么样的效果，那么接下来你要用什么方式去实现它们？你可以选择提供一种实体产品，出一本纸质书，或者是建立网络在线资源等方式，也可以选择直接与客户进行交流合作的方式，你甚至还可以选择几种不同的方式同时进行。以 The Money Gym 公司为例，他们通过提供纸质书本、网络在线课程、面对面培训等多种形式向人们传授金融方面的知识，而根据方式的不同，价格也大不相同。因此，不同消费水平的人们就可以选择不同的方式。

下面我会介绍一些简单的方法，它们可以帮你省去很多麻烦，让你不必像发展一家公司那样招聘员工和租赁办公场所，也不需要投入大量的资金。即使你现在不想创业，只是想找一份工作而已，你也可能会在这些方法的尝试过程中找到自己的方向（我们将在之后的章节中更深入地探讨这部分内容）。

提供某项服务

很多人在开始创业的时候，就是通过为个人、团体或者组织提供某种服务，然后按照小时、天数、星期或者项目进行收费的。

按小时收费的工作包括心理咨询师、生活指导教练、辅助治疗师、会计师和水管工，而承包商和顾问等工作通常是按天收费，其他工作可能就会按照项目来收费，比如网页设计师和计算机程序员。现在还有一些人会按分钟来收费。

为了提高你的知名度，你就得去练习秘诀六“如何宣传自己”中列出的 6 个步骤。在你的博客或其他网络平台上分享自己对所在领域的一些专业看法，这会让你的潜在客户了解你的观点和方法。

优点：如果你具有自我宣传这项技能，那你就找到了能将自己的价值最快速地转化为金钱的方法，既不需要制订复杂的商业计划，也不需要租赁办公场地或是进行人员管理。这会是一个很好的开始，因为它让你直接与目标受众建立联系，你就能够明白他们在想什么，他们的问题是什么，以及他们想要什么。而这些信息都会在你以后创建某个产品，或者开展某个业务时派上用场，到那个时候，你就不再需要花时间一一弄清大家的需求了。如果你还具有一些大家都需求的专业技能，那你就能获得比同业人更高的收入。而当你有了足够多的收入，你就可以在进行下一个项目之前休息一段时间了。

缺点：出售自己的时间去提供服务就像仓鼠在跑轮上运动：你能立即行动起来。在工作的时候，你会有不错的收入，可一旦停止工作，你就只能喝西北风了。而且，当你在进行一个项目时，你会很难腾出时间去找下一个客户。到最后，你会感觉自己还是在做一份工作。如果你把自己的无薪假期、病假、培训时间和待业时间都考虑在内的话，你就会发现自己的年收入并不像一开始看起来那么丰厚。假如你又真的很想成为有钱人，那这确实不是一个好的选择，因为你每个月的休息时间可能就只有可怜的几个小时，而那些年度富豪榜上的有钱人们是不会拿自己的时间来换取收入的。

一些有用的方法

如果你想按小时出售自己的时间，我倒是可以给你一个很好的建议。当你想要出售 1 个小时的服务时，你可能会花上 30 分钟去说服一名潜在客户，那你倒不如将这 1 个小时的服务包装成套餐进行销售，就只需要往里面再添加一些其他内容就可以了，比如一些实体产品或信息产品等。举个例子，如果你是一位按摩治疗师，比起提供每小时 50 英镑的按摩服务，你应该推出一款“奢华享受套餐”，包括 3 次按摩服务，一张舒缓音乐的 CD，一本教人如何解压的生活指南，以及一些可以让顾客带回家的舒缓沐浴精油——总共价值 170 英镑。虽然并不是每个人都会购买这个套餐，但也总有人会像购买一个小时的按摩那样爽快地为此买单的。所以，尤其是当你可以很明确地量化出顾客的需求时，这种销售方式就能让你更加容易地卖出自己的服务。

当你已经有了一定的客源基础，并且收费也相对合理时，你就可以开始挪出一些时间来休息了。不要总是认为“时间就是金钱”，恰恰相反，你要认识到“金钱就是时间”。想一想，如果你的收入能达到自己生活支出的 4 倍，那么你每工作 1 个月就可以有 3 个月的假期了，这样你就可以去做其他的事情——旅行、写小说、录唱片等。

有一些人就在很好地践行着这种生活方式：一些 IT 承包商们在一年之中就只签订 6 个月的合同，然后把剩下的六个月时间用来周游世界。最重要的一点，如果你不喜欢这份高报酬的工作，那你就不是在“边玩边赚”了，你只是在害怕自己又回到以前的工作而已！而比这更糟糕的是，你还必须花时间去做这些营销和宣传工作，尽管它们都不是你真正想做的。所以要记住，找到一件自己喜欢，并且能够带来一定收入的事情，才是你的真正目标。

咨询顾问

咨询顾问是有着某方面专业知识的人，他们被雇用的工作时间可以短到几天，也可以长至几个月。咨询顾问们通常是按天收费的，日薪可以达到 1000 英镑，甚至更多。作为一名独立顾问，我也总结出了一些经验：尽管人们是因为我的专业知识才来雇用我，但在很多时候，这些专业知识却只是能够让我去理解他们所说的和所做的一项工具而已。实际上，我所提供的建议大部分都是常识罢了。我会问他们哪里出了问题，以及哪种解决方法会更有效，然后再把这些内容写进报告里。其实，他们所遇到的问题，其答案往往就在他们的身上，所以不要总是以为自己必须要带来一些全新的见解才行。

得到咨询顾问这份工作的人不一定都是专业能力最强的人。或许只是因为你在一个合适的时间点出现了，又或许只是因为别人觉得你会是一个可爱又可靠的合作伙伴，所以不要小瞧这些事情产生的作用。据某个知情人透露，我之所以会被雇用，完全是因为他们觉得“你一定会按时完成工作的”（然而他们一点也不知道我会为了赶工而熬夜）。

如果你在某个领域中有着很高的专业知识水平，而且你也很想参与到一些尖端项目中，那就多去参加一些会议和社交活动，说不定就会结识到能雇用你的人。“咨询顾问”是一个涵盖面很广的职业，你只有明白了自己要解决什么问题，以及能提出什么样的解决方案，你才能向客户说出自己能为他们做什么。但在这之前，你不妨先试试从一个项目经理或技术架构师做起，应该都是不错的开始。

如果你真的想进入咨询行业，我还可以提供给你一个不错的“玩家项目”，那就是写一份白皮书——用报告的形式陈述出当前某个热门话题中所包含的一些前沿思想。

接下来，我们真的要说点好玩的事了。你希望自己可以不用亲自现身，就能赚到钱吗？

如何才能躺着赚钱——被动收入的奇迹

如果你这辈子每天都要在某个固定的地方出现才能获得报酬，那现在想象一下自己不用再去那个地方也仍然会有收入，这将会是一个巨大的转变！而这就是我们所说的“被动收入”，它指的是在完成某个项目之后，不用再做任何工作也可以一直获得的收入，比如你写的一本书或一首歌的版税。接下来，我将介绍几种更现代的方法，让你可以立即赚到人生的第一份被动收入。

当你第一次在毫不知情的情况下就挣到一笔收入，确实是一件相当令人激动的事情！我还记得，有一天早上我醒来就收到了一封邮件，上面说在我睡觉的时候，有人在我的网站下载了音频，并支付了 15 英镑，而我什么都不需要做，因为音频早就自动发送给了买家。虽然这 15 英镑只是一笔小数目，但它无疑是我赚到的最具有价值的 15 英镑了（幸运的是，从那以后这个数字就开始增加了）。

被动收入其实就是大量宣传的结果。实际上，世界上几乎没有一项收入是 100% 被动的。当你写完一本书时，你要去进行推广宣传。即使是你让中介机构全权管理自己要出租的房子以及租户的问题，可当意外发生时，你还是要花点时间亲自和中介谈一谈。所以，我更愿意把它称为“易维护性收入”（low-maintenance income），而且我也更愿意每天都能这么做，而不是日复一日地到同一个地方做着同样的事情。同样，当你在做一些可能赚不到什么钱的事情时（比如艺术创作、写作、旅行），这种想法也能支撑自己继续前行。

而互联网可能就是我们创造“易维护性收入”的最简单、风险最低的方式了。按照以下的 4 种方法，你就可以开始行动了。

1. 信息产品——销售专业知识的新方法

如果你在某个领域有着很不错的专业知识水平，并且也懂得向大众普及这些知识的诀窍，那你就可以找到很多不用自己出面也可以赚钱的方法。这些方法的传播渠道就是互联网，而它们的传播媒介就是信息产品。信息产品指的是以文本、音频、视频、图像等为载体来普及专业知识的各种形式——电子书、视频文件、视频直播、远程视频教学。

信息产品的神奇之处在于，它们的生产和推广几乎不需要任何成本，除了你自己的时间外，而这就意味着它们的利润率几乎是 100%。不仅如此，因为它们的目标受众只限于一小部分人，所以其销售额往往会比纸质书籍或 CD 要多得多！当你还在认为自己的书只能在出版之后获得每本 50 便士的利润时，把它放到网上作为电子书出售或许就能赚到 10 英镑或更多。而且，还有很多信息产品的售价甚至会达到这个价格的 10 倍之多，这也使得信息产品比实体产品更加具有吸引力，毕竟它还帮我们省去了生产和配送的麻烦。

那你能在自己的信息产品中写些什么内容呢？只要是关于大多数人都会面临的问题就可以写。现在就从你列出的问题清单中选出一个问题，并围绕它的解决方法写出你的信息产品。

为了让你的信息产品赚钱，你还需要很多人来帮你宣传。这就意味着你的邮件通信录里要有大批对你的话题感兴趣的人，你的网站要有大量的访问者，你的社交媒体上要有很多的粉丝才行。在上一章中，我们已经讨论过如何宣传，但如果你现在的关注者还是寥寥无几的话，就不妨和那些有资源的人一起合作——你向他们支付佣金，然后他们将自己的资源分享给你。举个例子，假如某个人的邮件通信录里存着几千名联系人，而这些人可能都会对你的内容感兴趣（而且这些人与你理想中的客户非常相似），那你就可以让这个人把通信录分享给你，然后你再支付他一半的销售佣金。

在网上有很多关于信息产品能够“快速致富”的过度宣传，但其实，要创造出真正有价值的内容是需要投入很多时间和精力的。同样，去说服大家购买这个产品也是需要一定技巧的。不过，信息产品还是能为你带来一些额外收入的。比如，你现在已经是一位小有名气的催眠治疗师了，那你就可以把自己录好的一段教人们如何舒缓心情的音频上传到网络，而大家可以通过这段音频对你有所了解，然后就可能真的会来找你做催眠治疗了。

认为自己不是专家？

不用担心，并不是只有专家才能做信息产品。如果你对某个话题很感兴趣，并且也有自己想去探究的角度，那你就可以采访一些相关的知名专家，让他们来帮你创造出有价值、有吸引力的内容。况且，他们通常也会愿意免费接受你的提问，因为你的信息产品同样也在帮助他们做宣传。

还有一些网络营销人员甚至只需要确定一个人们会面临的具体问题，然后再雇请别人来围绕这个问题写一本电子书就行了。

“发现问题”的力量

丹尼尔·瓦格纳是一名大家公认的网络营销专家，但正如他所说，在不久前他还只是个新手：

在2006年的时候，我在网上做了一些简单的调查（任何人都可以在10分钟内完成），然后发现狗狗训练是一个有着巨大潜力的信息产品市场。但事实是，我没有养过狗，对狗一无所知，甚至我一点也不喜欢狗。但是这份调查的结果告诉我，这就是一个能够盈利的项目。

所以，我创建了一个单页面的网站，并向养狗狗的人们提了一个很简单的问题：“在狗狗的训练方面，你现在最想要解决什么问题？”在收集到这些答案之后，我就花500美元雇请了另外一个人（他对狗狗训练很了解）写了一本电子书来解答这些问题。不到3个月的时间，电子书的总销售额竟然达到了2.3万美元，而我居然成功地在一个毫不了解、毫无人脉、毫无专业知识的市场中赚到了钱。就算到了今天，我也依然能从这个市场中赚到钱，因为我还在一直向那些对狗狗训练感兴趣的人们提供新的东西。

迄今为止，我已经创建了超过27个可以带来盈利的网站，以及100多个相关的信息产品，比如电子书、采访音频、DVD和在线视频。此外，我还帮助600多个像我一样的人去做他们自己的信息产品。

信息产品的一些简单形式

信息产品可以有很多不同的形式，你可以试着用下面的几种简单形式去做自己的信息产品。

电子书——在某个文字处理软件中写出你对某一主题的专业看法，再将其转换成 PDF 格式，方便大家下载。接着，你就可以把它上传到自己的网站上进行售卖，或者上传到电子书商城，因为它们会提供比较完善的订购系统。一般来说，电子书的售价在 10—50 英镑不等，根据不同的主题、内容的多少以及是否有附赠品（比如可供下载的音频），其价格会有所差别。

音频——可供下载的采访录音、课程录音等。关于音频的制作，有两个最简单的方法：一个是去采访专家并进行录音（或者是让别人来采访你）；另一个则是开设一门网络课程，然后把上课过程录下来。网络课程指的是你和其他的参与者（可能是 10—20 人，甚至更多）一起进行线上语音，你可以先用 20 分钟向大家介绍一些专业知识，然后再对大家提出的问题进行解答。对于参加网络课程的人们，你可以收取一点费用，或者直接让潜在顾客免费参加。然后，你就可以把录音单卖出去，或者是附送在某个产品套餐里面一起售卖。还有一点，在网络课程正式开始之前，一定要记得提醒大家不要私自进行录音。

2. 联盟营销——如何帮别人的产品做宣传

如果你没有自己的产品，那你还可以通过推销别人的产品来赚钱，这样每当有人买单的时候你就可以得到一定的佣金。现在就有一些人在这样做，而且他们还能获得一笔不错的收入。如果你经常向别人推荐一些好用的产品，那为什么不让它们的卖家给你广告费呢？是不是听起来很不错？其实有很多人也是这么想的，所以，联盟营销的竞争也是非常激烈的，就像做其他事一样，你需要具备应有的技能——要会做在线广告（吸引网站流量），会写产品文案，还要会挑选合适的产品。不过，要是你本来就很喜欢在网上闲逛，那你就可能会觉得这些东西学起来还挺好玩的。而且，如果你之后要为其他产品做宣传，它们同样也能派上用场。总之，联盟营销可以在其他的工作领域中助你一臂之力。

当你发现自己一直想为人们解决的那个问题已经有了相应的产品，那你就可以去他们的网站上找找“加入我们的营销计划”或者类似的链接，通常情况下，你只需要点击链接进去，再填写一个简单的表格就可以立即加入了。然后，你会收到一个专属于你自己的产品链接。接着，你就可以在自己的时事通信或者博客里面向大家推荐这款产品了，你要写清楚推荐理由，并附上你专属的那个产品链接。于是，每当有人点击这个链接购买产品（或服务）的时候，就会有佣金自动转入你的账户了。

甚至，你还可以到那些专门做营销加盟的网络平台去注册，它们会提供很多知名品牌的相关服务和实体产品。

等你注册之后，你就可以在上面搜索到任何你想要进行推广的产品，而且你也很容易地就加盟到他们的营销计划中，接着就开始帮他们宣传产品了。

3. 写博客

正如我们在秘诀六中讨论过的那样，写博客可以带给我们很多好处——不仅能让我们表达自己的想法，还能产生很好的营销效果。当然，它还可以为你带来直接收入。虽然只有少数博主可以通过写博客赚到可观的直接收入，毕竟这还需要庞大的读者粉丝作为基础，但我们却不能忽视它在商业战略中发挥的重要作用。

博客可以通过很多方式获得收入：进行联盟营销（我们在前面已经说过了），投入广告，推广和销售你自己的信息产品，或者将你的博客做成会员收费制的网站（接下来我们会详细讨论这一点）。

4. 会员制

会员制指的是客户们每隔一段时间就要向你交付一定的费用，一般的间隔时间为一个月，或者一年。而作为回报，你将向他们提供一些与自己专业相关的有用知识，对他们进行培训，以及其他的帮助，比如教他们如何训练狗狗，如何进行职业转型，如何建立自己的第一家网店等。会员制可以让你更加深入地了解客户，并与他们建立更加紧密的联系。有时候，在由相同喜好的人们组成的群体中，也可以使用会员制。举个例子，美国电视、电影导演大卫·林奇的粉丝们就为他创建了一家会员网站，人们每个月都需要支付 10 美金的会员费，才可以在网站上观看大卫·林奇的独家电影、艺术、音乐和动画作品。此外，会员制还可以建立在某一个普遍的问题或目标上，像我们在之前讨论的 The Money Gym 公司就正是如此。

会员制之所以会成为人们所热衷的一种商业模式，是因为你让客户们确信自己成为会员是有一定价值后，他们就会一直向你支付会员费，直到他们主动取消为止。想象一下，如果每个月都有一位客户向你支付 10 英镑，而你需要做的就是完成一个培训视频、做一节网络课程，或是录好一段可下载的音频就好了。如果你能吸引 100 个人成为会员，那你一个月就有 1000 英镑的收入了！如果你吸引了 500 人，那就有 5000 英镑的收入了！而且你还可能赚得更多，因为很多人的收费标准都超过了 10 英镑呢（如果你的收费是每个月 21 英镑，那当你成功吸引到 2000 名会员的时候，你一年就可以挣到 100 万英镑了）！不过，与做其他事一样，你首先要创造出真正具有价值的东西，才能吸引更多的潜在客户，然后你还需要去进行有效的宣传，才能让他们决定加入会员。而幸运的是，这些能力都是你可以在“玩家项目”的开展过程中培养出来的。

所谓的会员网站，是可以从写博客开始做起的。如果你能定期撰写一些有价值的内容，并成功地吸引大批读者，那么你便有了一个很好的基础，接着你就可以开始对自己的博客内容进行收费，实行会员制了。就算你自己没有足够吸引人的内容或者相关的专业知识，你也可以和别人一起合作。

优点：这些被动收入的最大优点就是你只要工作一次，就可以重复多次地获得相应的报酬；它们还可以保证你开展一些其他业务，比如按小时收费的课程或咨询服务；它们还可以帮助你打造出产品的“漏斗形结构”：从免费商品到低价商品，再到昂贵商品。这种从下往上的结构可以让人们一开始只用花一点钱就可以对你的产品有所了解，然后再决定是否会继续购买更加昂贵的产品。

缺点：想要创作出一个好的信息产品是需要时间成本的，而当你正忙于赚钱的时候，你就很可能会一次次地拖延下去。要把它变成一个“玩家项目”，并找到一个对你来说最为简单和擅长的方式去做出自己的第一个信息产品，它可能是你已经承诺要做的一段演讲音频，或者一次工作坊的录音，也可能是将你之前写的其他内容扩展之后的一本电子书。

其他方式

除了上面列出的几种形式之外，你还可以通过其他的方式来呈现你的解决方法：设计一个产品并进行授权生产；出版一本书；举办一些活动和工作坊；把你的摄影作品卖给图书馆；开发一个软件应用程序，然后再放到网上出售；创建一个网上服务系统，实行用户收费，或者接受广告刊登。总之，不管想做什么，你都需要找到一种方式去进行实践和尝试，同时也不要忘记在秘诀四“如何确保自己一定会成功”中学到的技巧——要善于向那些知道会有什么挑战，以及如何去应对的专业人士们寻求建议。

还有，要记住我们在秘诀二中所提到的“财富原动力”原则：你不需要一个人包揽下所有的事。如果你只喜欢做营销、编辑或是创建网站的工作，当然也就可以帮别人的产品做这些事，而不是一定要去创造自己的产品。你是可以和别人一起组队合作的，而且你的合作伙伴可能会想出更好的主意，掌握更多的技能。

说了这么多,想必你已经明白“边玩边赚”的基本思路了——如果你能够为某个亟待解决的问题提供一个很好的解决方案，并且让人们愿意为此买单，那你就创造出了一个让人无法抗拒的产品。在下一章中，我们将继续讨论如何正式推出你的产品，赚到人生中的第一桶“玩”金。

玩家小技巧

秘诀七的要点：

➔ 你的产品（或服务）能产生什么样的效果？

➔ 选择一种适合自己的方式将这个效果变为现实：自由职业、咨询顾问、做信息产品、实行会员制等。

目前你应该清楚：

➔ 你最想为自己的理想顾客们提供什么样的产品（或服务）？

10分钟的玩家养成记：

➔ 对你的产品（或服务）进行描述，并把它们写出来（通常是以推销函的形式）：它可以帮助人们解决什么问题；它会带来什么效果；你会用什么方式让它产生这些效果；你有什么样的能力保证自己能做到这一切（它可以是你参加过的相关培训，或者是你的丰富经历，又或是任何可以证明你自己的相关证书）。对了，还要想一想你的收费是多少。

➔ 想办法将你写好的东西拿给潜在的顾客们过目，获取一些反馈。如果他们的评价都很好，那你就可以把这段描述放到你的网站上，或者是宣传册子里了。

秘诀八

如何赚到第一桶“玩”金

谋生的秘诀就是要找到那些愿意花钱让你去做一些你自己愿意花钱去做的事情——如果你有钱的话。

——莎拉·考德威尔　歌剧指挥家、波士顿歌剧团创始人

在前面的两章中，你已经学到了如何利用最新的网络平台宣传自己，以及如何才能创造出人们真正想要的东西。而从此刻开始，你就要将这些方法付诸实践，真正开始自己的赚钱之旅了！在这一章中，你将学到如何赚取自己的第一桶“玩”金，并证明自己是可以“边玩边赚”的。你要铭记一点，成为一名“玩家”的意义在于你的工作由自己来定义，没有人可以逼迫你做其他的任何事情，也没有任何计算标准来限制你能够获得的报酬。只要你能下定决心，坚持不懈，并且愿意用创造性的思维看世界，那你就一定会有办法找到自己的理想工作。下面我们先来讲一个小故事，看看罗伯特·查默斯是如何从一名教师成功转型，走上了“边玩边赚”之路的。

从音乐老师到音乐剧导演

罗伯特·查默斯原本是一名音乐老师，可是在8年前的某一天，他觉得自己是时候要做出一些改变了：“教书的工作确实让我收获了很多，但同时也是非常辛苦、枯燥重复的。上课只能和学生们纸上谈兵，逐渐地浇灭了我对音乐的热爱，我开始感到厌倦了。我已经做到系主任的位置了——我实现了自己的目标——我也不想再努力往上爬了——真的一点都不感兴趣。这或许就是

我以后的生活——我很可能在退休之前就这样一直做着重复的事情——甚至还可能一直都待在这所学校！想想真是太可怕了！在我剩下的人生里，我到底还可以做些什么呢？我想进入演艺界工作，可那只是一个梦想，不可能会成为现实的；但是，我们之所以会有梦想，不正是为了让自己去追逐它吗？

在妻子的支持和鼓励之下，我决定在下一学年结束的时候递交辞职信。我愿意为此冒险一试——只有我的妻子在工作了——我们必须削减开支——但是，我们一定可以挺过去的。”

然而，罗伯特并没有休息多久……

“在我写了 300 多封信给不同的音乐剧制作人、剧院，以及音乐总监之后，我接到了一个电话，是兰道剧院（一家很小的剧院，位于伦敦克拉彭区的一家酒吧楼上）的琳达·爱德华兹打来的，她说因为剧院之前排好的一部剧被取消了，所以现在急需一位音乐总监来帮他们筹备一部新的音乐剧。不过，这部剧是一场“利润分成”的演出，换句话说，我们只有在剧院盈利的情况下才能得到一定的报酬，而剧院最多只能容纳 60 人。这部音乐剧就是《与桑代海姆肩并肩》，而整场演出只有 5 个演员，再加上我一个人在旁边弹着钢琴伴奏。不过，这却是我这么久以来所做过的最惊险，但又最令人兴奋的事了！”

罗伯特可以给大家的跳槽建议是：“你必须坚强；不要指望所有的事情会在一夜之间就都改变了；获得家人的支持是非常重要的；有一件“可怕”的事——很小很小的细节会带来很大、很好的事情发生；要有耐心。”

显然，这些建议对罗伯特来说都是适用的：“4 年后，我来到了贝尔法斯特（北爱尔兰首府）的奥德赛剧院，而且是在3500人的面前为《妈妈咪呀！》做音乐指挥。当我从后台出来，准备朝乐池走过去的时候，我看到整个剧院都挤满了人，观众们都在热切地期盼着演出开始，这时我的心里就想着：‘哎呀，我真的做到了！’”

时至今日，由罗伯特担任音乐总监的音乐剧遍及英国各地，包括《约瑟的神奇彩衣》《兄弟情仇》《一脱到底》《我们的家》《名扬四海》，以及世界巡演剧目《妈妈咪呀！》。

当然，你不需要非得让自己的每一个“玩家项目”都能够赚钱，你也可以只用自己的一些闲暇时间来开展这些项目。但是，如果你读了这本书，那你最终要做到的就不仅仅是把自己的爱好塞进一份全职工作的空闲时间里了。“边玩边赚”意味着你可以做更多的事情，你可以摆脱自己很讨厌的工作，并去拥抱那些对你来说像玩一样的事了。金钱才能让你的“玩”可持续地发展——你只有赚了钱才能继续“玩”。

正如喜剧演员埃迪·伊扎德所说的：“我不是一位资本主义者，我只是一名创意主义者。我想要赚钱，因为有了钱我才能继续创造。”如果你并不是因为自己的“玩家项目”才赚到钱，而是因为做了其他不喜欢的事（比如一份全职工作），那么你就会发现自己总是在挥霍时间、浪费精力。

一旦我们谈到“钱”，也许你就会变得严肃起来，变得很“现实”，甚至你还可能会在选择“玩家项目”的时候做出一些可怕的妥协。不过，这是在所有的工作领域里都存在的问题——我们已经习惯了接受自己能力范围以内的事物，即使这一切已经变得没有必要了。

我们已经在秘诀一里说过了，如果你愿意无偿地去做自己的工作，并且只是因为它实在太有趣了，那么你现在就走上了正轨。如果你可以在做着这件事的同时，去帮助人们解决问题，那你就找到赚钱的方法了。

迷思 12：做自己喜欢的事是赚不到钱的

大多数人都深信做自己喜欢的事情是赚不到钱的——尽管世界上已经有很多人在这么做了。无论你想做什么，你都要相信在世界的某个角落肯定有一个人已经在做着这件事，并且能够以此谋生了。当然，在你想做的事情中，确实会有一些事情的竞争更加激烈，或者需要更长的时间才能站稳脚跟。如果你想写出一本畅销小说，或是成为一位著名的建筑师，那你将来的旅程一定是很漫长的。但重要的是，如果你选对了自己该走的路，你就能尽情地享受这段旅程。换句话说，在你开启旅程的那一刻，你就已经抵达了终点。你已经成功了！因此，所谓的成功，就是要找到一种可持续发展的方式去做自己喜欢的、在乎的事情。要想获得成功，你就得去做那些像“玩”一样，并且还能为大家解决某些问题的事情，然后再找到一个方法来将你创造的价值兑现成真正的“玩”金。

如果你已经习惯遍地去尝试可能会赚到钱的方法，但就是从来不会坚持到能够获得回报的最后一步，那现在就是你该做出改变的时候了！选择一个项目，并至少坚持到你赚到第一笔钱为止。虽然你也可能赚不了多少钱，但这是一个重要的象征，标志着你可以将自己创造的东西变成物质财富的能力。

但我现在就需要钱!

想在一个全新的行业中赚到钱是需要时间的，而在这段过渡期里，你就可能需要寻找另外的收入来源了。如果你现在很想摆脱自己从事的工作，也一定不要太着急，你得先看看这份工作在做出调整之后会不会变得更有趣一些，而与此同时，你也可以去找另一份新的工作。

苏珊是我的一位客户，在经过几次咨询之后，她还是认为自己最好再在工作岗位上多待一阵子。而我们一直在思考着要如何帮她找到更富有创造力的工作，有一次，我就问她:“你有没有告诉你的老板自己真正想做什么工作?”她回答说没有。第二天，她就找到老板，说自己其实想要从事更多有关创意写作以及设计方面的工作。而她的老板却说:“那真是太好了！我们正需要有人来做宣传册和网站，你觉得怎么样呢?”苏珊很高兴地就答应了。

在你去找一份全新的工作之前，能不能将你目前的工作调整一下，使其更加适合你呢?当你最终决定要逃到别的地方去之前，问问自己能够承担起新的责任吗?你能在这段过渡期里做一些兼职工作吗?

如果你已经是一名自由职业者，那你赚取收入的最快方法就是利用自己具备的能力和经验。可问题是，你往往会发现自己好像再也找不到和以前工作相关的新工作了。我自己就曾经经历过这种情况，而我的客户们也常常如此。在决定辞职之前，他们会为了多存一点钱而想再多签一份合同，或是再接一份临时工作，但奇怪的是，他们总是无法如愿以偿。为什么呢？这是因为一旦你失去了做事的热情，你的心也早就飞到别的地方去了，而这时其他人却可以轻轻松松地又签下一份合同——即使你尽了最大的努力去展现自己的热情。毕竟热情是没办法装出来的，哪怕你很努力地去做。当你和一个真正想做这份工作的人一起竞争的时候，你觉得谁会赢呢？

即使最后你还是希望离开这个行业，也请花一点时间来想想它最吸引你的部分：在这个领域中，你最喜欢哪一类项目？或者你最喜欢哪一个岗位？接着，再对这个领域的收入水平进行调查。要相信热情是能够帮助你赚钱的，而且当你充满热情的时候，你也能更加享受这份工作。不过，要是你发现自己在收入不高的情况下也只能维持 6 个月到 1 年，那就意味着你应该减少开支，开始新的生活了。

赚到你的第一桶“玩”金

通过做自己喜欢的事而赚到人生中的第一笔收入，是一个非常重要的里程碑：这就是你的第一桶“玩”金。也许你会发现，自己的第一次销售经历居然会比接下来的十次加起来还要艰辛得多；也许你会发现，这第一桶金实在是来得毫不费力。

如果可以的话，请你在做着原来工作的情况下，将自己的第一桶“玩”金赚到手。虽然你也可能赚不了很多，但这至少可以说明你在成为“玩家”后的几个月里，仍然会有一定收入的。而且这还有一个额外的好处——相比起那些需要新的收入来源才能生存下去的人，你不会感到那么绝望。

总之，从你的“玩家项目”中赚到钱才是向别人证明“玩”之价值的最好方式了。它是一种十分普通，却又再好不过的市场测试方式了。

迷思 13: 我的朋友们都说会来买我的东西，那我一定就走上正轨了

去问朋友们会不会购买你的东西并不能算作一种市场调查。

比起家人和朋友给出的正面评价，能够亲自赚到一笔钱才是走上正轨的最好证明。从你最为亲近的人那里获得鼓励固然很重要，但它却不是你做生意的根本所在。判断人们是否会购买某种东西的最佳方法，其实就是把这个东西直接卖给他们——当然卖出的价钱也要够你维持生计才行。人们总是会天花乱坠地说自己有多么想买你的东西，但是，除非他们肯掏出自己的钱包，再把钱交到你的手上，否则一切都是空话而已。

在刚开始的时候，你的产品可能还没办法定价很高，毕竟你的经验有限，或者你的产品还有待优化，这都是很正常的。但你只需要相信，一直顺着这条路走下去，自己就一定可以赚到更多的钱。

关于“免费”的那些事

当你还处于起步阶段的时候，免费帮助别人并不是一件坏事情。如果你有机会去做自己最喜欢的事，并且还可以在这个过程中提升自己的能力，那就去做！任何可以让自己早一点进入“流体验”的机会，都是非常珍贵的。你要去进行公平的等价交换，不一定非得是钱才行。如果有人给了你一个机会，让你可以在一大批潜在客户面前展现自己的才能，那这就是一个绝佳的营销机会。你还可以做一场免费演讲，或者免费为某家杂志写一篇文章……而这种曝光方式会比付钱的广告更加有效果——它的全部成本就是你的时间而已。

如果你因为害怕自己的收费不太合理，而选择继续为别人免费工作，那么现在就是时候咬紧牙关，让自己变得专业一些了！免费的产品（或服务）是不存在任何市场测试的，因为大家都喜欢免费的东西！就算你现在还需要不断去练习、提升自己的技能，你也可以象征性地收取一小笔钱。因为只有这样，你才能为之后的发展打下一定的职业基础。况且，人们通常都不会重视免费的东西。举个例子，我们发现有很多免费活动的参与率都非常低，只达到了 40%，甚至更少。而这时，哪怕只是收取一点点的费用，人们的责任感也会极大地被激发，然后就会有更多的人来参加活动了——并且还会准时参加！

迷思 14：我还没有达到能够向别人收费的水平——我得读更多的书，学习更多的课程，参加更多的工作坊才行

一般来说，有这个想法的人都是在掩饰自己的恐惧而已。虽然说读书、学习课程、参加工作坊都可以帮你提升个人技能，保持自己的积极性，但是，请别把它们当作你不去行动的借口。不要对自己的期望过高，要先从小事开始做起！

开始你的“玩家”行动

要想赚到第一桶“玩”金，那就从现在开始你的“玩家”行动。不管你的目标是找到一份新工作，还是以自由职业者、咨询顾问等独立专业人士的身份来出售服务，这个方法都会非常奏效。此外，这个方法在经过适当调整之后，还能够帮你拿下自己的第一笔大订单、第一个代理商、第一个经销商、第一个供应商……如果你想要采用在上一章中提到的“被动收入”中的几种方式，比如信息产品，那你的“玩家”行动就是要去找到会推销产品的能人。

不管你是想成为一名网页设计师，还是一名虚拟助理，不论你是想卖出自己制作的化妆品也好，还是食品也罢，首先，你都要清楚地知道自己可以提供什么（如秘诀七所说），并且明确自己的理想客户是谁（如秘诀六所说）；接着，再把它做成你的一个“玩家项目”，你要倾注自己所有的心血和汗水，去把它做成你理想中的样子。现在可不是该轻易妥协的时候，也千万不要以为广撒网就可以多捞鱼！不可能！一旦你扩大了自己的受众范围，效果就会大大减弱了。想想激光灯和泛光灯的区别吧，虽然它们都可以照明，但激光灯是将自己所有的能量都集中在了一个小点上，这就使得它厉害到能划破纸张，甚至切割金属。因此，当你把大量的精力都集中在一个地方时，你就可能会取得一番惊人的成就！

逃离“工作世界”

在我的职业生涯刚刚开始的时候，我还只是广播行业里的一名技术创新人员。当我决定要成为一名独立顾问时，我首先想到的就是去 BBC 工作。因为我觉得在 BBC 工作的人们好像都在从事着这个领域里最有趣的事情。我很喜欢在 BBC 碰见的那些人，他们都很友善。而且它还是世界上最知名的广播公司（我就想去最好的公司里工作），这也是我儿时的一个梦想。

然后，我就一边做着技术创新的工作，一边打电话给所有我认识的在 BBC 的工作人员，或是相关人士。我也给业内的其他同事们打电话，问他们有没有认识的 BBC 内部人员可以帮我引荐一下。最后，我给所有可以帮我的人都发了邮件，并一直关注 BBC 所有正在开设的节目的最新内容，甚至有时还会冷不丁地打电话给那些在新闻报道里出现的人。

3 个月之后……当然什么都没有发生！但我已经辞掉了技术创新的工作，也没有其他的事情可做了。终于，有一天早上，当我还躺在床上的时候，打来了一个电话："你好！这里是 BBC 的某某部门，请问你今天可以来参加面试吗？"而在接下来的那个星期一，我就正式开始在 BBC 工作了！

在刚开始的阶段，你可能需要经过几个月的努力才会引起别人的注意。或许你会觉得，在这段时间里似乎什么也没改变，但只要你一直从人们那里获得鼓励，就不要轻易放弃！

要留心人们给你的反馈，并根据这些反馈对自己的“玩家”行动做出相应调整。当然，你还得做好心理准备：或许你已经制订出了一个最完美的计划，你得到了专家们的建议，也遵循了自己的直觉，但你所投入的一切心血还是付诸东流了。不过这个时候，你的下一步打算才会真正决定成败：你是选择就此放弃，还是做好调整后再试一次？

如何开展你的“玩家”行动

弄清楚你到底喜欢做什么，并把它具体地描绘出来，因为这样你才更有可能获得相应的机会去做这件事。当然，也不用太过具体，否则你就不太可能找得到目标了。

当我还是一名特效软件程序员的时候，我参加了一个关于职业生涯的工作坊。然后，有几个人都想拜托我帮他们引荐一下，希望自己可以进到我所工作的公司里来。第一个叫莎拉的女士说：“你可以帮我问问贵公司现在还招人吗？”我问她想做哪方面的工作，她却说：“做什么都可以。”第二个过来问我的人叫大卫，他说自己想成为特效美术师，所以想拜托我问问从事相关工作的人能否给他一些建议。

你觉得我会帮谁呢？莎拉的要求实在是太含糊了，我也不知道该怎么去帮她。而大卫的请求就比较具体，所以我就知道该怎么去做。我找到了一些在特效行业工作的有关人士，经过一番询问之后，我就把他们的建议传达给了大卫。所以，当你在寻求帮助的时候，请把自己的请求描述得具体一些。

使出你的邮件“杀手锏”

在你的邮件里，你需要明确：

➔ 你的收件人是谁，你写邮件的目的是什么（如果你不是为了找一份工作，而是为了自己的事业做宣传的话，请写清楚你可以解决什么问题，以及解决方法是什么，这样会比较有用）？

➔ 你可以为对方带来什么价值（相关的技能、知识、经验或者重要的人脉资源）？

➔ 你为什么想和对方合作（有时候，说一些真诚又不落俗套的恭维话可能会更有帮助）？

邮件越短越好。你写的邮件越短，对方才越有可能认真看。然后，再把邮件发给每一个你认为会乐意帮你的人，并在邮件中恳请他们将邮件转发给任何可能帮助到你的人。

如果你更擅长电话沟通或是当面交流，也可以利用特长。不过，电子邮件的一大好处在于，如果你做得好的话，它就可能传播开来，也就是说，它的传播范围将远远超出你的朋友和同事们。

如果你使用了上一章中提到的某个方法，并成功有了一批支持者，也不要忘记告诉他们，现在你这儿有个好玩的东西！

迷思 15：我还不能告诉大家我在做什么，除非我已经有了一张很精致的名片，而且我的网站也正式上线了

这完全就是无稽之谈！在你做好一切创业的准备之前，不管是网站还是名片，你本来就可以赚到自己的第一桶“玩”金了。所以，不要再用这些小事来当作你的借口了！你真正需要做的，就只是用电脑敲出一页纸的内容，再用邮箱发送出去而已。况且，你的第一笔交易很可能就是通过朋友或同事介绍的，而对方也会知道你没有什么专业经验，自然也就会对你宽容一些。总之，大家还是高估了名片所起到的作用。其实，有很多名片在递给别人之后，就再也没有被瞧过一眼了。而真正重要的是，如果你发现有人可能会对你的产品（或服务）感兴趣的话，那就要去拿到他的名片，这样一来，至少联系的主动权就掌握在你的手里了。

成功了，就庆祝一下吧！

不管你是卖出了自己的第一个产品（艺术品、音视频），还是签下了自己的第一个项目（或合同），当你赚到了人生的第一桶“玩”金时，不妨停下来为自己庆祝一下！你真的将“玩”这件事变成了钱！不要觉得来日方长，而且自己也没有赚到足够多的钱，就随随便便把庆祝仪式抹掉！拉上你的朋友，带上你的同事，一起来庆祝吧！

你的第一次赚钱经历也许并不是自己理想中的样子：你不是在自己预想的地方赚到的钱；你仍对自己的产品不满意；你觉得赚的钱太少；你感到紧张，甚至有点失望……这些都是很正常的！只要继续坚持下去，留心别人的反馈和自己的体验，并不断地进行调整，总有一天你能做着最好玩的事情，赚到最多的钱！

在下一章中，你将学会如何在第一次“玩赚”的经历之上，继续升级，将“玩”进行到底！

玩家小技巧

秘诀八的要点：

➔ 让自己获得进入“流体验”的机会——做自己擅长且喜

欢做的事情。

➔ 开始你的“玩家”行动，赚取自己的第一桶“玩”金。

➔ 成功了，就庆祝一下吧！

目前你应该清楚：

➔ 如何使出你的邮件“杀手锏”，让自己赚到第一桶“玩”金。

10 分钟玩家养成记：

➔ 为你在上一章中要提供的产品（或服务）拟写一封邮件。

秘诀九

如何将“玩”进行到底

我这一生从未做过一天工作，所有的一切都很有趣。

——托马斯·爱迪生　发明家

在上一章中，你已经知道要如何赚取自己的第一桶“玩”金了，而在这一章中，你将学会如何继续升级，成为一名全职“玩家”。为了达成这个目标，你还得做出一些很不错的成果，为自己树立口碑。

德里克·西弗斯——让别人主动为你宣传

德里克·西弗斯是一位专业的音乐人，他创建了CD Baby——后来成为世界上最大的一家独立音乐网络商店。以下是他给音乐人们的一些建议，我觉得艺术家、作家和企业家们同样也可以借鉴一下。

当人们问我：“嘿，伙计，我的音乐怎么样才能大卖？”我的回答则是：“你的朋友们觉得你的音乐怎么样？他们有没有喜欢到想把它推荐给自己所有的朋友呢？”当你的朋友们听到你创作的音乐，他们应该要这么说：“天啊！这真是太好听了！我真想把它发给我所有的朋友们听听！”而重要的一点是，他们之所以会这么做，应该完全出于他们自己的意愿，而不是为了帮你。你可不想让你的朋友仅仅是碍于你们之间的友谊而不得不帮你做宣传吧！他们都得是自愿的，就像是在网上看到一则广告视频，然后觉得实在是太搞笑了，就会很想把它分享给朋友那样的自然。所以，他们的推荐行为，一定得出于这样的一股抑制不住的冲动行！

继续升级自己的“玩家”项目有一个很重要的前提，那就是双方都要获得兴奋的感觉——你对自己正在做的事感到兴奋，而你所做的事同样也让别人感到兴奋。

在赚到第一桶“玩”金之后，你下一步要做些什么呢？那就是再试一次，证明你第一次的成功并不是侥幸。重新找到一组测试对象，也就是你的“小白鼠”，然后复制你的赚钱经历。如果有10个人非常喜欢你的产品，以至于想要购买更多，那他们自然就会向别人大力夸赞你的产品，而这个时候你可就“中大奖”了！营销大师赛斯·高汀就曾在自己的博客中如此写道：“如果人们喜欢你的产品，那他们中的每个人就都会帮你吸引10名新的顾客（可能是100名，甚至1000名，但也有可能只有3名），接着这些新顾客又会帮你继续推荐新的顾客。如果人们不喜欢你的产品，那你就需要再提供一个新的产品，重新开始。”因此，在找到对你的产品很感兴趣的10个人之前，世界上所有的营销手段都是帮不了你的。

谁会成功，谁会失败，这并不是什么惊天大秘密！你只要问问自己，有没有接受到明确的信号，表明大家（或者是你在意的那一小部分人）都想继续购买你的产品？如果没有，那你就得花点时间反思自己需要改变什么了——你是不是还有一些事情是自己不喜欢做的？你是不是为人们提供了他们并不需要的东西（再一次确认它是否能帮助大家解决问题）？你的目标受众是不是定位错了？你很享受做这件事，但你是不是做得还不够好？如果确实如此，那就不要放弃。不妨考虑一下让别人来对你进行指导，或者让别人来做你并不擅长的事情。甚至，你也不需要成为亲自创造产品（或者是亲自提供服务）的那个人，也许你的长处就是向别人宣传自己的想法，或是做它的支持后盾，或是谈判交易等，那就去找到你的合作伙伴，再和他们一起创建出你们的产品（或服务）吧！

你总会知道自己什么时候创造出了好的产品，因为别人都会告诉你的。

莱斯利·斯科特意识到“叠叠高”会大卖的那一瞬间

起初，我是在一个筹款活动上和一些职业运动员们一起玩“叠叠高”，然后就发现他们都很喜欢这个游戏。第二天早上醒来的时候，我就在想，自己把这款游戏介绍给大家玩，然后他们就喜欢上了它，并且完全沉迷于其中，那也许自己就应该用它来创业，将这款游戏推向市场。

从那以后，我一共设计并发布了40款游戏，但始终没有一款可以像“叠叠高”这样，不仅在商业上大获成功，而且在创造的过程中也是如此有趣，令人兴奋不已。创造出一件市场上从未出现过的产品是很令人兴奋的，如果没有这些挑战和乐趣，我想自己当初就不会做这件事了。当乐趣消失的时候，也就意味着该迎接新的挑战了！

当你赚到了自己的第一桶“玩”金，并且又在10位新顾客的身上成功复制了这一赚钱过程，那你就可以扩大自己的规模了。下面就让我们一起来看看全职“玩家”都有哪些不同的“玩”法。当然，你不必将自己局限于其中的一种“玩”法。事实上，你最后可能会把几种“玩”法都结合起来，发展成自己的组合型事业。而现在的问题是你想先从哪一个开始？

工作 2.0

传统的工作类型并不是我们“边玩边赚”的好帮手，原因就在于你必须得按照别人所说的去做。然而，当你心里想着“我不喜欢做那件事，所以我是不会去做的”，那你就不可能做好这份工作，随之你也就无法进入自己的“流体验”了。

不过幸好，还有一种新的选择可以代替这种一刀切的传统工作，那就是找一份“自定义”工作，也可以称为“工作 2.0”。“自定义”工作就是完全从零开始去创造一份新的工作，或者至少能为自己打造一份合适的工作。当你作为一名“玩家”来到工作的世界，你肯定会问：“我到底想为自己创造一些什么？我能产生什么价值？”而解决的办法就是：想想你的理想工作是什么样的（以目前为止你在“玩家宝典”中记录的想法为基础），然后通过开展你的“玩家”行动去实现它。请注意避开一系列招聘广告、招聘机构和人力资源部的重重麻烦。

迷思16：我一直在投简历，也一直在联系中介公司，但还是一无所获，所以我一定找不到新工作了

据统计，人才市场里高达70%的工作是不会通过广告进行公开招聘的，它们往往是通过人脉关系直接进行推荐的。一般来说，这种招聘方式会比人力资源部门“先进行宣传，后精心筛选”的方式要灵活得多。况且，人才中介公司也不见得会很用心地帮你找到新工作，因为他们的任务就是要以最快的速度为空缺的职位找到工作经验最为丰富的人选而已。此外，在小公司里工作一般也会比大公司要灵活得多，换句话说，同事们会更愿意和你一起磨合，帮你弄清楚最适合自己的工作角色是什么，让你知道自己需要去积累什么样的工作经验，以及如何调整自己的工作结构。如果你的表现足够优异，你还可以为自己量身打造（甚至是创造）一份想要的工作。

但是，如果这些工作都不会通过广告招聘，我又该怎么去找呢？想办法去认识这个行业里的人，特别是那些可以给你工作的人。如果你足够热爱这个行业（或是这一类工作），那你就会乐于参加他们的各种社交、会议和盛事活动。你要去这些地方展现和宣传自己，才能引起他们的注意。你还可以试着做一些相关的“玩家”项目，比如策划一次社交活动，参与某个展览，写一篇关于这个行业的博客，采访这个行业里的领军人物等。

在成为自由职业者之前，我就是这么得到了 3 份“自定义”工作

1. 我去了一家很小的软件公司面试，因为他们在招聘广告上刊登的两份工作我都很感兴趣。后来我问他们，能不能将这两份工作合并成一份工作来做，他们就同意了。

2. 我新认识了一个人，当时他正在创建一家新的电子商务咨询公司（其实，我是在面试另一份工作的时候认识他的，我没有得到那份工作，当然我也不是特别想要）。我们一直保持联系了 6 个月，并见证了他的新公司一步步地成形。我怀疑他可能从来都没有看过我的简历，但他后来却对我说：“我早就知道你很适合我们公司。”最后，我进入了这家温暖又富有创造力的公司，在旗下的一个部门担任 CTO（首席技术官）。

3. 我本来在一家小公司工作，但后来却和公司里的一小部分人以团队的身份进入了一家全球大企业。这是因为在我们中间，有一位很有招聘经验的人想办法为大家安排和行业里的几家大企业见了面。结果，我们就被聘为一个团队，负责开发一条新的产品线。

而这样做的好处在于，当你有计划地去寻找自己的理想工作时，你的热情就会在整个招聘过程中发散出来。现在换个角度，想象一下你是雇主，对于那些专门为你而来，并且非常想加入你的团队的人，你难道不对他们感兴趣吗？

虽然“自定义”工作不像你自己当老板那样具有灵活性，没办法让你完全按照自己的意愿去打造职业生涯。但是，它的优点

在于可以帮你省去很多自我营销的麻烦。如果你的最终目标仍然是自己创业的话，那这份“自定义”工作就可以作为你日后挣脱就业市场的一块有力跳板了。同样，兼职做一些“自定义”工作也会对你将来发展组合性职业很有帮助。而相比自主创业来说，“自定义”工作往往会更加强调团队意识，如果你是自律性很差的人，那有一个管着你的老板还是很有用的！

去随心所欲吧！

“工作”的悲惨史，从我们不得不使用的这个枯燥词汇中就可见一斑了。所以，我们需要一个新的词汇来描述我们正在打造的“玩家”生活。然而，“自由职业者”总是会和纳税申报单扯上联系，“商人”（无论男女）的形象总是一个身着传统西装的中年人在谈论着 ROI（投资回报率）和 KPI（关键业绩指标），而“企业家”则是职场新人们很难界定的概念。

这些词汇都没有表达出为什么要逃离“工作世界”的核心原因——自由、个性、乐趣，以及能让自己去创造独一无二的东西的机遇。作家芭芭拉·温特称我们是“快乐的失业者”，丹尼尔·平克则把我们叫作“自由的代言人”，而我认为，它应该是随心所欲的。

但不管它叫什么，如果你到现在都还没有尝试的话，它就会成为一个很难跨越的山谷，而你还会被很多错误的迷思束缚在山脚下。下面就有 3 个最常见的迷思：

迷思 17：为别人工作肯定要比自己创业的风险更小一些

如果你还没辞掉工作，那你很可能就会听到同事们劝诫说，继续留下来工作才是最安稳的选择。但是，作为别人的员工，你也随时都可能会被解雇或裁员，而且公司只会提前一个月通知你，再给你一小笔（甚至没有）遣散费而已。事实上，为别人工作也是在自主创业，只不过你只有一位客户（你的老板）而已。而当你自己创业的时候，你就会有几位，甚至上百位客户，换句话说，你是不大可能同时被所有的客户解雇的。而真正有风险的事情，就是你在没有事先做好市场调查的情况下就盲目地开始创业，并且还获得了一些顾客的支持，这也是我们在之前所讨论过要避免的情况。

迷思 18：在目前的经济环境下，我要是去创业的话就太愚蠢了

当经济不景气的时候，你当然就得在跳槽之前先验证一下自己的想法是否可行了。但是，这并不意味着你就应该彻底放弃创业这条路。人们在经济低迷期的时候也是能够赚到钱的，甚至有些企业还会比平常赚得更多。如果你能够用更加低廉的价格推出人们所需要的东西，帮助他们省钱，你就可以从中大赚一笔了。正如那些廉价超市，在近日的经济萧条中反倒进入了繁盛期。

另外，那些很有钱的消费者们往往也不会受到经济波动的影响。所以，现在可能就是你去抬升市场，为富人们提供高档产品的最佳时机了。多多向自己所在领域的那些聪明人学习，

看看他们是怎么做的。

迷思 19：在创业之前，我得先想出一个很有创意的点子

有这个想法的人一定是想创造出某项伟大的发明吧！不过，为什么一说到创业，我们就必须得发明出一种新的吸尘器，或是开一间主题新颖的餐厅呢？就连英国的真人秀节目《龙穴之创业投资》也很推崇这一想法。如果你真的是一位发明家，并且你从记事开始就一直在研究发明，那就请继续做下去！而对于我们绝大多数人来说，只要去观察一下当地的商业街就足够了：看看街上有多少位美发师？有多少家酒吧？有多少家报刊亭？你并不需要非得提出一个别人想都没想过的新点子，你只需要把某一件事做好，能够赚取一些利润，并且还懂得怎么宣传自己就足够了！

即便是在10年之前，自主创业的选择范围还是非常窄，风险也是非常高的。所以我们是幸运的，多亏了现在的互联网，我们每个人都可以在一天之内就开启自己的事业，甚至还可以开展一些在10年前根本就不存在的业务，而这就意味着你不再需要把房子抵押了才能开始行动，你不再需要辞掉工作，你也不再需要去商业街上租一个商店，然后花费成千上万的钱来进行装修。现在，你就只需要一个下午就可以在网上创建起一家商店，而且还是免费的。不管你对自己的事业有什么宏伟的构想，你都可以在当下找到某种方法去进行尝试，先从小规模开始，然后再一步步扩大。而且，你也没必要再把自己吊死在一棵摇钱树上了。

打造你的组合型职业

如果你很容易就会对一件事情感到厌倦，就像之前提到的“扫描人”一样，那你就不妨为自己打造一个组合型的职业，能让自己一直保持好奇心。不要妄想你有一天会变得非常专注，反之，你应该有意识地去为自己打造一个多元化的职业生涯，也就是说，你要建立一个能带来多重收入流的工作组合。在这个工作组合中，可能会有一些工作是出售你的时间，而另一些工作则是去经营远程课程、联盟营销，甚至是房地产投资等。不过，要想拥有多重收入流，你就要确保其中会有一些“易维护性收入”（参见秘诀七）。一旦你做好了前期工作，就算你开始去做其他的事情，它们也能一直为你带来新的收入。

或许你的某些收入流只能达到每个月几百英镑的水平，但当你为自己每增加一项收入流时，你就会离自己渴望的目标更进一步，而且也会让自己的工作内容变得更加多元化。毕竟，多栽几棵树，总比你在一棵树上吊死来得好。如果市场突然发生了动荡，那你的一部分收入流可能会受到不利影响，但你另外的收入流可能就没有什么负面影响，甚至还得到提升了。

当然，组合型职业也不是那么容易就可以兼顾的。最好的办法就是要弄清楚你的哪一些收入流是自己的摇钱树，而且不管你有多忙，也要确保它们不会溜走。此外，即使你很希望多个项目同时运转起来，也只能一次启动一个项目，这是因为每个项目在刚启动的时候都需要投入最多的精力和专注力。所以，等到某个项目已经发展到一定的程度，并且不再需要你去持续关注的时候，再开始考虑启动下一个项目吧！

请记住，大多数项目的成功都是需要你去进行创造和宣传的。如果你的各个项目之间的差异较大，而且所面向的是不同的受众，那你就需要付出大量的时间和精力了。不过，要是它们都有一个共同的主题，那就变得容易多了。为自己包装出一个特点，比如说，你可以成为“互联网上的创意达人”“终于被发掘的建筑大师”“会说话的编码器”“乐于助人的电子控”等。如果你能找到契合自己天赋的某个主题，那大家就能更容易明白你在做些什么，从而就会向其他人进行推荐。还有一个很好的实践方法，那就是针对同一个市场（人或者公司）分别去做几件不同的事情。一旦你能在一些互联网初创企业，40 岁以上的女性企业家，或是喜欢独自旅行的人中积攒名气，你就可以很容易地向他们推荐你的其他项目了。举个例子，如果有很多忙碌的咨询顾问都认可你是一位很棒的虚拟助理，那等你又学会了如何创建简单的网站之后，你就可以为他们提供一项新的特殊服务——帮助他们创建自己的第一个咨询网站。

合作是为了速度

如果你想尽快完成一个大项目，或者同时开展多个项目，选择和别人一起合作会是一个不错的办法。这样一来，你就可以专注于自己最擅长（也最喜欢）的部分了。

迷思 20：我是没办法创业的，因为我什么都不擅长（不管是销售、营销、IT、金融还是创意）

在创业过程中，你并不需要对每件事都了如指掌，也不需要事事都亲力亲为。对于那些你不擅长的事情，就要去找别人帮忙。如果你很喜欢在大家面前演讲，却很讨厌做财务报表，就要去和那些喜欢做电子表格但讨厌在观众面前说话的人合作。你甚至都不需要用自己的想法来创业：去和那些有好想法的人一起合作，你只需要将自己的人际交往能力、专业技能、销售能力、组织能力发挥出来就好了。

很多人都会犯一个错误，那就是和自己过于相似的人合作——你们可能都是非常外向、会掌控大局的人，又或者你们都是非常内向的技术控，而这会给你的事业留下一个很大的能力漏洞。如果你们都是技术控，那谁来做销售和营销呢？如果你们都是点子达人，那谁来把这些好点子变成一个个可以实行的计划和时间表呢？

要想获得真正的成功，就需要和不同性格的人一起合作。正如企业家、企业咨询师朱迪思·摩根所说的：“你不得不和那些让你恼火的家伙们共事。”作为一个内向的人，你可能会觉得那些销售员有点夸张、做作。反之，他们可能也会觉得你有点无聊、严肃。不过，只要你们能给予彼此应有的尊重，这将会是一个很好的组合。回看一下你在秘诀二中做的财富动力系统的测试结果，看看自己最欠缺什么，然后再去找那些可以帮你填补漏洞的人一起合作吧！

合作的另一个好处，就是可以更快地招揽到业务。如果你有一个很好的产品，但就是苦于找不到客源，这里有一个很好的诀窍：让别人来帮你宣传。你已经知道了自己要去解决什么问题，以及你的目标受众是谁，那现在问问自己，这些人常常会去哪里？他们会读一些什么？会买什么样的杂志？他们会参加什么类型的活动？他们还会购买谁的产品？一旦你弄清楚了这些问题，请想办法让自己出现在他们眼前。看看你能不能在这些目标客户喜欢浏览的某个网站（或是喜欢阅读的某本杂志）上写一篇小文章？或者是在他们面前做一次演讲？又或者让某个存有上千名目标客户邮箱通信录的人帮你推荐自己的新产品？当然，作为回报，你也可以帮助他们去做同样的事，或者是答应支付他们一定的佣金。这样一来，你就不需要再去参加没完没了的社交活动，一张一张地去收集名片了。要学会借用别人的市场！

你赚到这么“多”的钱了吗？

在你继续行动之前，先来看看你为自己估算的收入靠不靠谱吧！

迷思 21：在开始行动之前，我需要先写出一份 30 页的企划书

在“边玩边赚”的起步阶段，你真的不需要写一份很正式的企划书。不过，适当地做一些粗略计算还是挺有用的，我就把它们称为“三步走企划书”。

以下是我针对“提供某项服务”写出的“三步走企划书”：首先，想一想你自己期望的月收入是多少；其次，再估算出一位普通的客户（或者项目）会支付你多少钱；最后，用你期望的月收入金额除以这个数值，你就算出了自己每个月需要多少个这样的客户（或者项目）。现在认真地再想一下，你真的可以在一个月内应付这么多的客户吗？要知道招揽客户也是需要时间成本的，而且你还需要留出时间来进行培训、管理等。

如果你销售的是实体产品，那就先估算每卖出一个产品会得

到多少利润，然后再计算你需要卖出多少产品才能获得你想要的收入。这时，你就会很快意识到为什么能找到一个可以帮你批量卖出产品的人是如此重要了！

如果你销售的是信息产品，那么你的收入就等于网站访问者中愿意付钱购买产品的人数乘以产品的单价（可能还要减去一定的佣金支出或者手续费用）。但是，你也得明白最后真正会掏钱的人也许还不到总访问人数的 1%，甚至更低！当然，也不要忘记把其他渠道可能的收入来源纳入你的计算中。

在你创业的起步阶段，你很可能要节衣缩食，能省则省了，所以你必须得明确自己收入的最低标准是多少，而这个最低标准则不包括一些不必要的花销，只要能够维持你的基本开销就行了。然后，你就需要明确自己应该要达到怎样的收入水平才算是宽裕，以及你的理想收入是多少。在现实生活中，虽然很少有人会去做这些简单的收入加减法，但它们对你来说仍然是很重要的，因为它们将会影响你在业务上的抉择。想一想，如果你觉得自己一年需要 10 万英镑才能生存下去，那你自然就不会选择去做那些只能赚到 2.5 万英镑的事情了。

什么时候可以辞职

不要太着急从你现在还能获得一定收入的职业中全身而退，最好还是在有稳定收入的情况下，去为自己的“玩家”事业积蓄动力。一旦你为钱而发愁，那就没办法“玩”起来了。

当你赚到了自己期望的收入，那就充分证明了人们喜欢你的产品，而且你的业余时间也无法满足他们的需求量了，那么这时候，你就可以准备辞职了！

纯真果汁（Innocent Drinks）

“纯真果汁”是由3位牛津大学的同学于1999年创立的一家英国饮料公司，该公司致力于生产全天然、无添加的奶昔饮料。从最初的一个音乐节小摊位，到如今占据英国整个奶昔饮料市场（共1.69亿英镑）71%份额的大企业，面对如此大的转变，其创始人是这么说的：

那是1998年夏天，我们已经发明出了自己的第一个奶昔配方，可是我们还是不敢辞掉工作来专门做这件事情。然后，我们花了500英镑买了很多水果，就决定去伦敦的一个小众音乐节上摆摊，售卖我们的自制奶昔。我们在摊位前面立了一个显眼的牌子，上面写着：“你觉得我们应该辞掉工作来专门做奶昔吗？”然后我们也放置了两个垃圾桶，上面一个写着“应该”，另一个写着“不应该”，再让人们把喝完的空瓶子放到他们想投的那个垃圾桶里。就在那个周末快结束的时候，我们发现写着“应该”的垃圾桶已经满出来了，所以我们第二天就立即辞职了。

在音乐节摆摊之前，“纯真”的创始人们花了6个月的时间来研究和改良奶昔配方。他们在摆摊的第一天卖出了24杯奶昔，而10年后，他们平均每周可以卖出200万杯奶昔饮料。

其实，裁员也可以帮你脱离苦海。如果你工作的地方已经有了裁员的通知（或者有传言这么说），那你就要明确自己的立场了：到底是选择离开，还是留下来？你可不能坐以待毙，眼巴巴地等着一切事情发生。要打定主意，然后再看看自己应该怎么做才能被主动裁员，又或是继续留下来。

如果你被裁员了，请记得一定要和公司协商你的裁员条件，尽管你会觉得这不太可能发生。你可以大胆地向他们询问是否可以稍微推迟自己的离职日期，或者暂时保留一些公司的福利，比如使用公司的车。相信你一定会惊讶地发现，原来这也是可以实现的！你可能会觉得自己没有什么资格去和公司进行协商，但其实大多数的公司都是希望能和员工们以和平的方式分道扬镳的，所以，在合理的范围内，它们都会尽量满足你的条件。如果你没有面临裁员的危机，也不妨为自己争取到一些有利的离职条件，比如离职之前的带薪假期。

这一切要花多长时间？

有一个坏消息，马尔科姆·格拉德威尔[①]等人认为，如果一个人想在某个领域达到世界级的水平，无论是做摇滚音乐、公开演讲、写作还是编程，都需要坚持练习 1 万个小时，也就是大约 6 年的全职工作时间。我想这也是为什么在进入一个全新的领域后，你还需要一段时间才能够站稳脚跟的原因。

不过好消息是，如果你在做这件事情的大多数时候都是感觉很开心的，那么 6 年的时间就会过得很快了。

还有一个更好的消息，那就是你已经成为一位世界级的专家了。不过，是在哪一方面呢？其实呀，你就是在“做自己”方面的专家呀！世界上再没有人会比你做得更好了。你已经花了一辈子的时间来“做自己”，而且你也会对自己做的事情越来越擅长。不管你的“闪光时刻”是什么，但你从小就已经在做这件事了：与人交谈、逗别人笑、鼓励别人、阅读和写作、画画、学习、组织活动、谈判、品尝食物、享受自然、修补人与人之间的关系……所有的这些练习都会在你的大脑中产生一种别人没有的“脑回

---

① Malcolm Gladwell，英国畅销书作家，主要作品有《引爆点》《小狗看世界》《异类》等。——译者

路”，因此你所看到的世界也是和别人不一样的。如果你从记事起就一直在给朋友和家人表演笑话，那就算你从来都没有做过正式的公开演讲，你也不需要从零开始，而是只要去学习一些实用的演讲技巧就好了，比如时间安排、故事结构等。如果你很喜欢做某件事情，那你一定在生活中做过这件事，或许只是你没有意识到而已。

要专注于发现自己的天赋，并以它们为基础去培养自己的技能，然后在你所做的每件事中找出一个相通的“主题”，而这个“主题”就会是你可以全身心投入去做的事情。它可能是你想要去帮助的某一类人或某一小部分市场，也可能是你最擅长做的一件事（正如我们在组合型职业中看到的那样），还有可能是你要去解决的一个主要问题（参见秘诀五），或者是你已经创建的一个品牌。当你找到自己的“主题”，并投入精力去做的时候，人们就会开始发现它的存在，而你也就会开始获得机会，以及你想要的收入，甚至你还可能会变得富有（这一点我们将在下一章中进行讨论）。

玩家小技巧

秘诀九的要点：

➔ 再找到 10 位顾客复制你的赚钱经历。

➔ 人们都对你的产品赞不绝口吗？如果不是的话，请继续改良你的产品。

➔ 确定你的全职“玩家”方式：是“自定义”工作，还是一切“随心所欲”？

➔ 与别人一起合作可以提高速度，并让自己能够兼顾多个项目。

➔ 在你进行下一步行动之前，看看自己是否达到了预期的收入水平。

目前你应该清楚：

➔ 怎样才可以把自己第一次“玩赚”的尝试变成可以谋生的全职工作。

10分钟玩家养成记：

➔ 适当地让自己幻想一下成为全职“玩家”的美梦；在“玩家宝典”里面描述出你的组合型职业。

➔ 想一想自己要怎样与别人合作才能让这个美梦早日成真。

秘诀十

如何“玩”出你的富裕人生

1. 定义自己的富裕人生

“富裕”对你来说究竟意味着什么？你也许会说，那不就是一大笔钱嘛！可是，它难道不是意味着你可以去体验一种全新的生活方式，过上富裕的人生吗？请想一想，你的富裕人生会是什么样子：你的人生会有怎样的改变？你会拥有些什么？你希望这笔财富能给你带来什么样的经历？把它们都写在你的“玩家宝典”里，然后再找到一些对应的图片贴在上面。你真正要关注的是那些鲜活的经历，而不是一堆空洞的数字，而只有这样，你才会想出一些极具创意的方法让自己尽快获得想要的东西。举个例子，如果你梦想着可以在法国买一座豪宅，就算你现在还不是百万富翁，但你至少也能找到某种方法让自己体验一下豪宅的生活：或许你可以找到一个愿意将豪宅出租的人，而交换条件就是你要帮忙装修它；又或者你可以把豪宅租下来，作为工作坊或者举办一次会议的场所，这样前来参加的人就相当于帮你垫付租金了。

不要等到自己赚够钱之后，再想着去得到你的幸福，要尽情地享受在生活中最为憧憬的那些时刻。我还记得，最近一次我和朋友在伦敦的一家泰国餐厅吃午饭的经历，我们坐在餐厅外面的座位，沐浴在阳光下，一边喝着柠檬草茶，一边谈论着朋友将要搬到美国去发展自己演艺事业的事情，接着话题就变成了赚钱和做自己喜欢的事。当时我就说，我觉得自己已经很富有了——即使我在银行里有 100 万英镑的存款，我想做的事也不会改变一丝一毫。我仍然会像现在一样，和自己的好朋友坐在一起，一边沐浴着阳光，一边喝着柠檬草茶。所以，我已经过上了自己想要的富裕生活了（而我和朋友就只需要各付 15 英镑而已）。

去找到自我感觉富有的时刻。用心地找一找，在你的生活中有没有过这样的时刻，你感觉自己不需要任何东西，也没有一定要去的地方，而且也没有一定要和谁待在一起，因为在这一刻，你就已经很富有了！

如果你没办法享受你已经拥有的一切，那你就没办法享受更多的东西。

——理查德·班德勒　神经语言规划（NLP）概念的提出者之一

如果你没办法享受自己所拥有的这些富有时刻，那么有朝一日，你就可能会发现自己就算真的成为富翁，也还是没办法享受富裕人生。我们都见过那些停不下来的百万富翁，无论他们赚了多少钱、买了多少东西，他们永远都不会满足。这并不是幸福！

当然，这里还有另外一个原因。如果你能享受自己已经拥有的财富，那它就可以帮你吸引更多可以享受的财富，这就意味着你可以更快地实现自己的富翁之梦了。人们都喜欢和快乐的人在一起，所以他们也喜欢雇用那些看起来很有活力的人。事实上，你对一份工作表现得越不在乎，就越会有人想要聘请你——因为他们都觉得你一定很优秀！

你追求的富裕人生是拥有旅行的自由吗？

你想常住在一个阳光明媚的地方，还是无拘无束地去世界各地旅行？为什么不从现在开始去做呢？既然现在只需要一部手机、笔记本电脑和互联网就可以经营自己的事业了，那你真的还有必要一直留在同一个国家吗？想在周游世界的同时，还能维持生计吗？欢迎加入我们这个不受地域限制的创业者家族，跟着我们一边周游世界，一边用笔记本电脑管理自己的业务吧！

带上电脑，旅行出发！

克里斯·吉尔博是一名环球旅行家和专业的旅游博主。他立志踏遍世界的每一个国家，而他的博客“特立独行的艺术”也因此成为他的全职工作。虽然他到现在也没有挣到很多钱，但他却实现了大多数人只能在梦里见到的生活方式。

他还是大家公认的廉价航空订票专家，“有时候我前脚还坐在头等舱，后脚就住进了一家每晚只需要15美元的青年旅舍——是有些讽刺，但还是蛮有趣的”。而且，他也常常会去探访一些游客们不会去参观的地方：“上个月我就搭乘了一辆从莫桑比克开到斯威士兰的丛林出租车，那个时候我真的很享受自己是车上唯一的一个西方人的感觉。”

对于克里斯来说，这些都是家常便饭：“无论走到哪里，我所做的很多事情都是差不多的，当然我自己也很乐意——写写博客、和别人聊天、喝点咖啡、开心地玩。我也希望自己每天都能有这样的时刻——不管是在不丹（我即将要去的地方），还是在科威特（我刚刚结束旅行的地方），又或者是在俄勒冈州的家里工作。

你追求的富裕人生是拥有空闲的时间吗？

汤姆·霍奇金森是《闲人》杂志[①]的主编，并写有《悠游度日》《如何做个自由的人》等多本书籍。我在采访中询问了他的工作方式，他便介绍说自己通常会利用早上9点到下午1点的时间来专心进行写作，然后就查看一下邮箱，接着就开始享受剩下的悠闲时光了：吃午饭，看看书，打个盹儿，出去散散步，弹尤克里里，或者修剪一下花园。汤姆并没有为了致富而拼命地工作，相反，他很乐于接受自己的中等收入，而且也很注重节俭。他说：“你得避免一切不必要的花销。也许你的孩子会觉得你很抠门，但正是因为这样，你才会有更多的时间陪他们一起打牌。”

如果你所追求的富裕人生是可以有足够的空闲时间放松，而不是游艇和豪宅的话，那你完全可以按照自己所想的来生活。当你开始真正享受自己的日常生活时，你也许就不会再花那么多钱补偿自己在工作中遭受的痛苦了。我在算了一笔账之后，才震惊地发现，原来我在 ×× 公司工作的时候，每年都会花上几百英镑

① *The Idler* 是汤姆·霍奇金森与加文·普雷托雷—平尼在1993年一起创办的杂志，其主旨是介绍悠闲懒散的艺术，倡导悠闲的生活方式，也可以为人们带来灵感和创造力。——译者

去买卡布奇诺——仅仅只是为了让自己熬过痛苦的一天。

你追求的富裕人生是拥有改变世界的力量吗?

如果你的答案是肯定，那你可能适合去创建一家社会企业：一个可以运用商业策略来帮助解决社会或环境问题的组织。而这种企业的动力就来自其经济上的可持续性，相比要策划出一系列的活动去号召大家捐款或是接受政府资助，社会企业所获得的利润是可以进行再次投资的。同样，你也必须去创造出真正的价值，然后才能找到一个可以赚钱的方法。然后，你的企业发展得越好，你能为社会带来的积极影响也就会越大。

2. 像百万富翁一样理财

有一次，我的一位正要转行的客户对我这么说："真希望我的账户里能有 100 万英镑的存款，这样我就不用再操心钱的事了。"但问题是，即便你已经有了 100 万英镑，可要是你最后花出去了 150 万英镑，那你还是会面临破产（就像很多彩票中奖者一样）。你永远都需要考虑"钱"的问题，以及如何更好地进行理财。所以从现在开始，你就得养成理财的习惯了！因为不会理财的话，你是不太可能会成为百万富翁的。其实现在已经有一些很棒的书籍和课程都提到了理财的核心（不管你信不信），就是去找到"乐趣"！

启动你的"玩家"基金

有一个很好的理财方法，就是将你的收入依照不同的用途进行分配，然后再存入不同的银行账户。比如，你可以拿出一部分的钱作为长期储蓄，然后再拿出收入的 5%—10% 用于慈善机构的捐款。而当你的收入不断增加时，我想你也会很乐意看到自己的慈善捐款在不断增加吧！当然，不要忘记留出一部分钱来"玩"呀！请拿出你收入的 10% 作为自己的"玩家"基金，它就是以后专门为你的“玩家”项目和其他好玩有趣的事情而准备的储蓄基金了。你可以用这笔“玩家”基金为自己的“玩家”项目添上一个重要的物品：一台高品质的相片打印机，一个音乐软件，或者是一门你很感兴趣的课程。而且，你偶尔也可以用这笔基金来犒赏一下自己，每当你的项目“发布日”到来，你就可以花钱让自己好好享受一个美妙之夜（或者其他的奖赏）。这是一件很好的事，因为它能让你的潜意识知道，每当你全力以赴地完成一个项目，你就一定会有回报。

我还记得，当我的文章第一次刊登在全国发行的报纸上时，我就把自己所有的稿费从银行里取了出来，然后去买了一个当时最新款的随身听。虽然这在当时看起来是很奢侈的，但我去哪儿都会带着它。每当我看到这个随身听时，我就会想起它是我用自己的创造力和判断力赚回来的。

读完了这些教你如何花钱去“放纵”一下的内容，有没有觉得很心动呢？如果有的话，请继续往下看吧！

3. 打破对“有钱人”的偏见

你有没有发现，有些人一辈子总是腰缠万贯，而另外一些人明明有同样的天赋和机遇，却总是一文不名？那你会站在天平的哪一端呢？你的常态又是什么样的呢？是一直都在努力挣钱，还是勉强凑合，又或是过得很不错？

如果你常常会为了钱而发愁，又或者你过得还行，但就是不知道该如何让自己过得更好，那可能是因为你对于“金钱”以及“有钱”的定义还存在偏见。如果你认为卖东西就是低俗的，营销就是骗人的，有钱人就是自私的，所有定价昂贵的东西都是坑人的……那你自然就很难赚到更高的收入。

我曾经的一个客户，不仅有才华、有想法，还有一定的名气，但她就从来没有赚过什么大钱。有一天，我们俩坐在我家的花园里，我就问她：“你觉得什么是有钱人？”她突然大笑起来，只好承认自己联想到的都是一些极为糟糕的形象：嘴里叼着雪茄烟的自私老板，或者为了出人头地而践踏他人的企业家。然而，问题就在于，如果你很鄙视他们，那你自然很难成为像他们一样的人。所以，我让她试着想出 3 个自己真的很敬佩的有钱人。虽然她花了一些时间，但最后还是想出了 3 位很优秀的榜样人士。后来，我给她布置了一个任务，就是到网上去找到这3个人的照片，打印出来，然后放在自己工作时能够看到的地方。这是一个很有用的练习方法！现在就请想想你的3个榜样是谁呢？找出来，让他们成为你的精神导师吧！

我们对于金钱的看法和态度，将会极大地影响自己在“财富天平”上所占据的位置。如果你为自己视金钱为粪土而备感骄傲，那你很可能也发不了什么大财。要铭记，有了钱才能让“玩家”事业发展下去，人们是不会给一个饿肚子的艺术家（或企业家）颁发奖章的。如果你一点也不介意自己不高不低的收入，那当你准备去赚更多钱的时候，你就可能会下意识地去阻挠自己，并将自己又拉回到之前的“常态”，而你的“常态”又会深深受到自己社交圈的影响。

与你相处最长时间的那5个人的平均水平，就代表了你自己。

——吉姆·罗恩　美国企业家、作家、演说家

来做一个简单的小实验吧！找出最常和你待在一起的5个人，然后把他们的收入全部加起来，再除以5，就会得到一个平均值。在一般情况下，你就会发现自己的收入非常接近这个平均值。在秘诀四“如何确保自己一定会成功”中，我们已经知道了自己每天都会被周围的各种想法、习惯和信念不断地催眠，所以与我们最为亲近的朋友自然也会影响着我们对待生活的心态和展望。

设想一下，如果你的朋友们都只能赚到你收入的一半，那你可能就会觉得自己非常富有了。但事实上，当你和他们在一起的

时候，你可能会感觉不太自在，甚至还会有点内疚。那再来设想一下，现在你又进入了另外一个社交圈，在这里你的朋友们都能赚到你的两倍收入，甚至更高，那你可能就会感觉有些尴尬，接着就会开始思考自己是否也能借用他们的方法来提高收入了。你能看出这两种截然不同的情况是如何影响着你的收入观，甚至是对金钱的态度吗？

那些创造出巨大财富价值的人，肯定有着和我们不同的方法和习惯。但是，随着时间的推移，他们的想法一定也会对你产生影响。如果你真的想要“边玩边赚”——而且是大赚特赚——那就试着去扩大自己的社交圈，多多结交一些和自己有着相同价值观的人吧！没准你就可以从他们的身上学习到致富之道！

4. 敢于为自己标价

如果你还是不敢为自己创造的价值标出一个高价格（或是以其他方式进行变现），那你就不可能成为有钱人。当然，要想提出一个让双方都满意的价格也不是那么容易的，尤其是当你想将自己的专业知识或者艺术成果变现的时候。要是你总是不敢为自己争取一份合理的报酬，那就向毕加索取一取经吧！

毕加索的素描画

据说，在几十年前，有一位女士在巴黎街头散步的时候，偶然看到了正坐在街边一家咖啡馆里画素描的毕加索。

于是，这位女士便上前询问毕加索是否愿意为她画一张素描，当然她也会给出相应的报酬。毕加索同意了。

没过几分钟，毕加索就画好了这张素描画。

“我应该付你多少钱？”她问。

“5000 法郎。”他回答。

“可你只画了 3 分钟呀！”她说。

“不，”毕加索说，“这可花了我一辈子的工夫。”

请记住，我们对他人的价值取决于我们自己能够带来什么——我们的天赋，我们已经掌握的技能，以及我们累积的经验。现在请想一想，你为了自己，为了事业都投入了些什么？拿出你的“玩家宝典”，将自己所投入的一切记下来，它可以是你参加过的训练或工作坊，也可以是你的创业成本，还包括任何你觉得会有用的东西。这里的训练也不一定非得是很正式的那种，哪怕是你在一次环球旅行中所学到的人与人之间的交往、如何控制预算、如何组织活动等，也都是可以写进你的清单里的。接着，再算一算自己需要挣多少钱才能维持生计？这个数值应该会比你期望的要少一些，毕竟你是在开发一些新的东西。现在看看，你为自己定下的价格是否符合这个数值呢？如果没有，那你就得好好想想如何才能根据自己提供的价值进行收费，而不是依照自己投入的时间长短。如果你能正视自己的价值，就会吸引更多优质的客户；反之，如果你低估自己的价值，就会遇到一些小瞧你的客户。收费太过便宜，你就只能和一些优质客户失之交臂了。

你想快速致富吗?

要想“边玩边赚”的话，就要明白如何与资本主义打交道。虽然资本主义本身存在一定的问题，但到目前为止，它仍然在发挥作用，所以也不妨和它交一下朋友！毕竟，与你的目标市场互动也是“玩家”事业的一部分内容。

在自由市场中起作用的一个基本模型就是“供应与需求”。我相信你一定听说过，但我们中的许多人在谈到自己的谋生问题时，往往就会把它抛在脑后。

这个供求模型表明了，想要从“玩家”事业中赚到更多钱，就要把握两个关键：要么找到供应量有限的对象，要么找到需求量巨大的对象。你只要能让自己的项目任意满足这两个条件中的一个，不论是提供某个市场短缺的产品，还是售卖需求量巨大（或是在不断增加）的产品，你都会赚到一笔不错的收入。

同样，供求关系也向我们解释了为什么世界上没有真正可以快速致富的方法：如果你通过一个很简单的方法创造出了有价值的产品，并赚到了钱，那么接下来就会有很多人抢着去这样做。而一旦这种情况发生，这些产品也就不再具有价值，因为现在的市场已经供应过剩了。举个例子，当人们都知道自己可以通过在谷歌上帮别人宣传产品而赚取佣金时，很多人都争先恐后地去做了这件事情。最后，广告费用跟着上涨，整个市场泛滥，赚钱也就变得更加困难了。虽然这样的做法依然是可行的（我就还在这么做），但如果想让自己从这场激烈的竞争中脱颖而出，你就需要投入时间来提高自己的能力。

但是，还有一条例外：无论哪一个行业，往往都会有一些关键的时刻，能够为人们带来很多机遇，可能是监管政策的变化，新技术的出现，市场达到了某个临界点等。如果你能及时把握住这些关键时刻，你就可以快速致富。当然，如果想在潮流开始之前抢占先机，你就需要先在自己的行业里发展起来，并积累一定的专业知识帮助自己早日发现、利用机遇。当你发现已经有人以“如何抓住某个新机遇快速致富”为主题写了一本书，或是举办了一个工作坊时，你就基本可以肯定，将来这个市场的竞争一定会更加激烈。不过，这并不是说你就不应该再涉足这个市场了，如果这个行业对你来说非常有趣，那你的热情就可以支撑你不断地精进自己的技艺，最后才能从那些“人云亦云”中脱颖而出。所以，每当你在做一个项目的时候，一定要时刻留意机遇！

如何快速让自己再富一点

一夜之间成为百万富翁几乎是不可能的，不过，你却可以用一些简单的方法让自己变得再有钱一些。下面就来介绍一下我的“P.R.I.C.E.”（价格）准则，然后你就可以对照着它提高自己的收费。我的很多客户根据这个准则把自己的价格提高了一倍多呢！

P 代表产品（Product）

要选择“正确”的产品。“正确”的标准在于这个产品不仅要有巨大的市场需求，而且还要能帮助人们解决重要的问题。一般来说，这个产品越能够解决麻烦的问题，就会有越多的人想要拥有它，而你能赚到的钱也就会越多了。并且，你还可以将自己的产品和服务进行“捆绑销售”，这样你从每个顾客那里赚到的收益就会变得更多。

如果你还具有自己很喜欢的专业技能，那也会对产品的供求关系产生积极的影响。所以，要投资做一些自己真正擅长的事情。当你发现自己有了很喜欢做的事情，并且也具备了相应的技能时，就要勇敢地去专攻、精研它。这样一来，人们才会更容易知道你的产品，并帮你做口头宣传。打个比方，如果你现在患了下腰痛，在条件允许的情况下，你是更愿意找一名普通的正骨医生，还是愿意看一名专业的“下腰痛专家”呢？

R 代表正确的目标受众（Right people）

你的产品也许是世界上最好的，但如果你定位的市场不具备相应的消费能力，那你就赚不了什么钱。比如，同样是要来购买你的产品，但那些大企业往往就可以开出比一般大众更高的价格，这是因为你的产品可以惠及企业内的许多员工以及客户，而这笔花销也是可以分摊到整个企业的。如果你的产品（或服务）对于你的目标受众来说太贵了，那就试着换一种销售方式来降低它的价格，从而也能吸引更多的顾客。你现在能利用在秘诀七中所学的方法在互联网上为自己创造出价值吗？

I 代表树立信任感（Increasing trust）

如果你能让顾客建立起信任感，并降低他们的感知风险，那你就能更加容易地卖出自己的产品。所以，要用心打造一个良好的业绩记录：为你的产品树立良好的口碑，并得到“社会认同”，比如一份证明书、一份个案研究报告。

此外，一个小小的保证也是可以极大地降低顾客们的感知风险的。可以为自己的产品（或服务）附加一个“无条件退款”的保证，尽管会有人借此故意找碴儿，但比起增加的销售量来说，也就没什么大不了的。

C 代表展现自己的价值（Communicating value）

你要知道如何展现自己真正的价值，然后坚持下去。千万不要因为自己收费过高而感到抱歉！先确定自己要解决什么问题，再用它去吸引顾客，然后你就能向他们进一步解释你的产品（或服务）有什么具体的好处和效果了。如果你销售的是知识产品，那就要根据它的效果收费，而不是你的时间成本。我曾经只是打了一个小时的电话，就获得了1000多英镑的报酬，而且也没有人抱怨我的收费太高，这是因为我在一个非常重要的决策过程中及时分享了我的专业知识。

E 代表主动要价（Expect it and ask for it!）

我尝试做过很多不同的事情，但我却总是可以为自己争取到丰厚的报酬：我将合同上的议价提高了一倍；我在杂志上刊登的第一篇文章获得了1300英镑的稿费……而最主要的原因就在于，我敢开口要价。主动开口要价可以让你想清楚自己为什么要定这个价，凭什么能值这个价。如果你担心自己的定价会让客户逃走，那就不妨将这个“高价”放在某一个特殊产品或是新客户的身上试试吧！如果你可以将事情做得很好，那人们就会乐于接受你的价格；如果没有人能接受的话，这个价格也可以激励着你进一步提高自己，倒也不是一件坏事呀！

如果你还担心自己会因此被挤出竞争市场，那就试着找找在这个领域中要价很高但仍然发展得很好的那些人，看看他们是怎么做的？自己又能从他们那里学到些什么呢？通常你会得到的答案就是重新定位自己，这样的话，你也就不用再和要价偏低的对手们竞争了。举个例子，如果你刚好是一个网页设计师，并且也了解一些品牌推广方面的知识，那你就可以重新定位自己去当一个品牌设计师，这样就可以甩掉那些只会做普通网页设计的竞争者了。

如果客户说“我买不起”怎么办？

也许你不相信，但是这句话真的和钱一点关系都没有。当人们说“我买不起”的时候，其实是在说“我没看出它有什么价值”。如果你的客户定位是正确的，那原因就只能是你没有传达出自己产品的价值所在了。

你愿意花 5000 英镑买我的这本书吗？很大可能不会。但是，如果这本书是理查德·布兰森亲笔撰写的唯一的一本商业秘籍，而且还可以保证你在 12 个月内成为百万富翁呢？或许你就很想买了——即便你要卖掉自己的车！所以说，问题完全不在于价格。

如果你已经很好地向客户传达了你的价值，但他们还是不愿意买账的话，你也是无能为力的，就只好继续在下一个顾客身上努力了！毕竟，世界上仍有一些人是永远不会为了高质量的产品而多花一分钱的。

5. 选择你的致富之道

请记住，最好的谋生方式就是为世界创造出真正的价值。如果你已经做到了这一点，那么致富对你而言，就只是要为更多的人提供更多的价值而已。如果你想赚到100万，那你就要创造出100万的价值，而当你达成这个目标的时候，你其实就已经在造福很多人了。有一些人明明创造出了巨大的价值，却始终只向一小部分人提供，也不去扩大自己的受众范围，每当我看到这种情况，就会非常恼火。这些人要么从来都没想过如何去扩大范围，要么就是不敢宣传自己，最终就造成了满盘皆输的局面。

正如我们在之前所说的，光靠出售自己的时间或是制作手工艺品是很难致富的，毕竟时间是很有限的。所以，你就需要一个能够帮助你扩展业务的东西，换句话说，你需要一个企业。这样一来，你的角色就会从某个产品（或服务）的直接提供者，变成企业管理者。

要想真的变得富有，就必须去解决难题。谷歌就是这么做的：他们选择进入一个竞争激烈的市场，最后成功推出了一个超级优化版的搜索引擎。如今，微软也紧追其后，推出了必应（Bing）搜索引擎，但是谷歌却又开始对另一个更难的问题发出了挑战——

他们正在寻找“信息”的真正含义，这就意味着在不久的将来，你就可以让谷歌来提醒自己“今天应该做什么”了。

有没有什么难题是你很感兴趣，而且很想挑战的呢？你觉得什么样的难题才能让你长久地保持兴趣，直到做出一番成就呢？成功地解决一个难题是要花费相当多的时间和精力的，所以，一定要选择自己喜欢的去做！

如果你目前在自己的行业里做得很好，那就问问自己：“我要怎样才能把自己的价值带给更多的人？”你能不能通过网络将自己只能当面提供的价值传递给更多的人呢？你能不能对其他人进行培训，让他们学会你的方法呢？你还能不能和一家规模更大的公司进行合作呢？

苏菲·博斯和她的“巧克力精灵”

起初，我和奥黛丽两个人开设了一些小班课程，事事都亲力亲为。现如今，我们在全国（英国）已经有了15位特许代理人，他们可以自己开设课程了。在我们写了一本书之后，越来越多的人都想来参加我们的课程，导致我们的授课再也满足不了大家的需求，于是我们就推出了一门在线课程和两本新的电子书。我以前总是说：“你不能把这件事放到网上去做，绝对不行！它必须是面对面交流的！你怎么可能通过这种媒介为大家提供相应的支持呢？”可是，我们真的找到了一个可行的办法！那就是培训出我们的“巧克力精灵”——他们会坚守在电脑的一端，并保证在48小时以内亲自回复每一位客户的邮件。目前，我们还在寻找新的投资，希望能让“超越巧克力”（Beyond

Chocolate）继续发展下去。

与他人合作，可以帮助你扩大自己的规模。当你发现自己不用亲自动手，也可以为大家提供他们真正想要的东西时，那就赶快去找到可以帮你迅速扩充业务的人吧！有时，仅仅是一位零售商、代理商，或是市场营销员就可以帮你打开一个全新的市场，开启新的赚钱之旅了。如果迄今为止你都一直在按照本书的方法去做，那这些人很可能早就主动来找你了！

从今天开始制订你的致富计划吧！向你所在领域的成功人士学习，看看他们是如何从一次次的尝试中慢慢扩大规模，直至创办了自己的企业。如果你足够坚定的话，你也可以像他们一样，用自己喜欢的方式“玩”出一个富裕的人生！

玩家小技巧

秘诀十的要点：

- 描绘出你想要的富裕人生，并想办法去体验一下。
- 像百万富翁一样理财，启动自己的“玩家”基金。
- 打破自己对“有钱人”的偏见。
- 利用 P.R.I.C.E. 准则为自己的产品（或服务）合理收费。
- 扩大你的产品（或服务）规模，并以此制订一个致富计划。

目前你应该清楚：

- 如何让你的“玩家”事业实现收益最大化，并让自己享受这个过程。

10 分钟玩家养成记：

- 开立一个银行账户，专门用来储存自己的“玩家”基金。
- 想想自己要怎样才能提前体验一下富裕的生活。
- 在你的“玩家宝典”上写出致富计划的主要思路。

一起来“玩”吧！

让我们再来回顾一遍：只要你不轻易地给自己的工作形式设限，你就总能找到一份自己真正喜欢的工作。现在你就可以开始行动啦！只要不放弃，你就一定可以找到它！

如果你选择了一份错误的工作，又或是没有充分发挥自己的天赋，那你就不仅亏欠了自己，同时也亏欠了整个世界。最近我就遇到了一位不知道自己接下来要做什么的客户，于是我就对他说：“你得明白，这并不只是关乎你自己的一个选择。所以，不要再纠结自己应该做什么，能不能做到，直接去做就好了！因为我很想亲眼看到你将自己的有趣想法变成现实。”

我们都在等着你去做自己最擅长的事情！如果你还没有采取行动，那么现在就是该行动的时候了！首先选择一个要持续3—4周的“玩家”项目做起来，让自己朝着“边玩边赚”的目标可以更近一步。找到你的“玩家宝典”（或是就近找一张白纸），写下你可以马上要做的5件事，而且每件事所花费的时间要控制在半个小时以内。其次，再从这5件事中选出一件事，合上这本书，就开始去做吧！等做完之后，观察自己的成果如何，并做出相应的调整。再次，再选出你要做的下一件事，并将它记在你的日程本中……最后，请依次重复剩下的三件事，不要放弃！

一起来“玩”吧！现在，该你上场了！

关于工作的 21 个迷思

迷思 1：如果这件事情对我很重要，我就一定记得住。

迷思 2：真正适合我的工作一定是我还没有尝试过的。

迷思 3：我应该要找到一件感兴趣的事，并坚持做下去。

迷思 4：要想做自己喜欢的工作，就得投入大量的时间和金钱进行自我提升。

迷思 5：只做自己喜欢的事情是很自私的。

迷思 6：只有明确了前进的方向，我才可以开始行动。

迷思 7：只要我能过上自己理想中的生活，我就一定会感到幸福。

迷思 8：我应该先在网上好好地研究一下这份工作。

迷思 9：成功人士们都不需要别人的帮助（建议、指导、培训、心理治疗）。

迷思 10：我和那些名人们本来就是不同世界的人。

迷思 11：我不能把自己的想法说出去，不然就会有人偷走它。

迷思 12：做自己喜欢的事是赚不到钱的。

迷思 13: 我的朋友们都说会来买我的东西，那我一定就走上正轨了。

迷思 14：我还没有达到能够向别人收费的水平——我得读更多的书，学习更多的课程，参加更多的工作坊才行。

迷思 15：我还不能告诉大家我在做什么，除非我已经有了一张精致的名片，而且我的网站也正式上线了。

迷思 16：我一直在投简历，也一直在联系中介公司，但还是一无所获，所以我一定找不到新工作了。

迷思 17：为别人工作肯定要比自己创业的风险更小一些。

迷思 18：在目前的经济环境下，我要是去创业的话就太愚蠢了。

迷思 19：在创业之前，我得先想出一个很有创意的点子。

迷思 20：我是没办法创业的，因为我什么都不擅长（不管是销售、营销、IT、金融还是创意）。

迷思 21：在开始行动之前，我需要先写出一份 30 页的企划书。

版权登记号：01-2019-2549
图书在版编目（CIP）数据

优势变现 /（英）约翰·威廉姆斯著；陈颜译. --
北京：现代出版社，2020.4
ISBN 978-7-5143-8476-5

Ⅰ. ①优… Ⅱ. ①约… ②陈… Ⅲ. ①职业选择—通
俗读物 Ⅳ. ① C913.2-49

中国版本图书馆 CIP 数据核字（2020）第 055659 号

优势变现

作　　者：[英] 约翰·威廉姆斯
译　　者：陈　颜
策划编辑：王传丽
责任编辑：张　瑾　肖君澜
出版发行：现代出版社
通信地址：北京市安定门外安华里 504 号
邮政编码：100011
电　　话：010-64267325　64245264（传真）
网　　址：www.1980xd.com
电子邮箱：xiandai@vip.sina.com
印　　刷：三河市南阳印刷有限公司

开　　本：880mm×1230mm　1/32
印　　张：10.75　　字　　数：228 千字
版　　次：2020 年 5 月第 1 版　　印　　次：2020 年 5 月第 1 次印刷
书　　号：ISBN 978-7-5143-8476-5
定　　价：59.80 元